서울 연립주택 투자지도

초판 1쇄 발행 2020년 9월 7일
초판 2쇄 발행 2021년 2월 3일

지은이 · 이형수
발행인 · 강혜진
발행처 · 진서원
등록 · 제2012−000384호 2012년 12월 4일
주소 · (03938) 서울시 마포구 월드컵로36길 18 삼라마이다스 1105호
대표전화 · (02)3143−6353 | **팩스** · (02)3143−6354
홈페이지 · www.jinswon.co.kr | **이메일** · service@jinswon.co.kr

책임편집 · 최구영 | **편집진행** · 이명애 | **기획편집부** · 정예림, 백은진 | **표지 및 내지 디자인** · 디박스
일러스트 · 남은비 | **종이** · 다올페이퍼 | **인쇄** · 보광문화사 | **마케팅** · 강성우

ISBN 979−11−86647−49−3 13320
진서원 도서번호 20008
값 22,000원

이 도서의 국립중앙도서관 출판예정도서목록(CIP)은 서지정보유통지원시스템 홈페이지(http://seoji.nl.go.kr)와
국가자료공동목록시스템(http://www.nl.go.kr/kolisnet)에서 이용하실 수 있습니다.(CIP 제어번호 : 2020029460)

일러두기 ··

- 이 책은 다양한 조건의 연립주택을 소개하고, 내집마련을 위한 후보군을 확장하는 것을 목표로 합니다. 특정 연립주
  택에 대한 투자 권유가 아님을 밝혀둡니다.
- 연립주택은 매물이 적어 매매가나 호가의 변동폭이 큰 편이므로, 책 집필 당시 정보와 다를 수 있습니다.
- 가로주택정비사업 시행 가능 여부는 다양한 요건과 상황, 승인권자의 해석에 따라 달리 판단될 수 있으므로 관할 구
  청 주택과나 SH공사를 통한 개별적 확인이 필요함을 알려드립니다.
- 주택명, 대지면적, 매매가 등의 부동산 정보는 네이버와 디스코에서 제공하는 자료를 참고했습니다.

★★★★★

서울 연립주택 투자지도

★ 가로주택정비사업 수혜지 ★ 역세권 직주근접지 ★ 서울 신축아파트 가능지 ★

이형수 지음

진원

나의 80년대 연립주택 매수기

첫 번째 집은 양천구 목2동의 다세대주택 '□□빌라'

나의 첫 자가주택은 '□□빌라'라는 이름을 달고 있는 1992년식 다세대주택이
었다. 지하철역과 부모님 댁이 가깝다는 이유로 대출을 잔뜩 끼고 매수했었다.
당시 나는 재건축 사업성이나 용도지역 등에 대해 아는 것이 없었고, 단지 '집이
꽤나 낡았으니 언젠가는 엘리베이터와 주차공간을 갖춘 신축빌라로 재건축되
겠지'라고 생각하며 6년을 살았다.

물론 많은 추억이 깃든 보금자리였지만, 투자적 기회비용 측면에서 돌이켜보
면 '그 집에서 왜 그렇게 오래 살았을까?'라는 생각도 든다.

동네 산책하다 만난 1981년식 투박한 건물

지나고 보니, 동네 산책은 누군가에겐 가장 가까운 단위의 임장활동일 수 있겠다는 생각이 든다. 목2동은 염창동과 공항대로를 사이에 두고 마주보고 있는데, 그날은 큰맘 먹고 길 건너 염창동으로 산책을 나섰다. 그리고 몇 분 지나지 않아 심상치 않은 건물(?) 하나와 조우하게 된다.

'이런 건물이 왜 여기 있지?'

높고 빽빽한 신식 건물들 사이에 낡은 연립주택이 버티고 있었다. '가동', '나동'이라고 투박하게 표기된 3층짜리 D연립은 주변과의 대비 때문에 원래의 존재보다 더 도드라져 보였다.

집에 돌아와 폭풍 검색을 시작했다. 그 결과, D연립이 내가 태어나기 전인 1981년에 준공된 건물이라는 것, 재건축을 추진한 적이 있다는 것, 연립이 위치한 땅이 준주거지역이라는 것을 알게 되었고, 용적률이며 대지지분의 개념에 대해서도 얼추 이해하기 시작했다.

자세히 보아야 예쁘다고 했던가? 알면 알수록 길 건너 염창동으로 이사 가야겠다는 생각이 들었다.

결국 원하는 곳으로 이사하게 되었다
두 번째 집은 염창동 'D연립주택'

매도와 매수가 이뤄진 2018년 하반기는 2017년부터 시작된 아파트 시장의 훈풍이 연립주택, 다세대주택 시장까지 퍼져 가격은 거의 안 올랐어도 거래 자체는 꽤 수월하게 할 수 있었다. 당시 목2동 ㅁㅁ빌라 매도가는 3.25억원, 염창동 연립주택의 매수가는 3.3억원으로 거의 차이가 없었다. 실거주 예정이었기 때문에 금리가 저렴한 보금자리론 대출을 받았는데, 감정평가액의 70% 수준인 2억원까지 대출이 가능해 레버리지를 최대로 이용할 경우 실투자액 1.3억원으로 매수가 가능했다. 나는 1억원가량 필요한 만큼만 대출을 받았다.

매수한 집은 정남향에 채광이 매우 좋았고, 매도인이 2년 전에 꽤 많은 부분을 수리해 상태도 괜찮았다. 단점이라면 낡고 위험한 복도와 계단, 그리고 이중주차가 일상이기에 새벽에 전화를 받고 차를 빼줘야 하는 경우가 종종 있다는 것 정도랄까?

남향이라 볕이 잘 드는 D연립. 매수한 집은 기초적인 수리를 해놓은 집이었다.
이중주차가 일상이라 아침이면 차를 빼줘야 하는 일이 잦았다.

D연립은 일반적인 80년대 연립주택에 비해 유독 관리상태가 불량하다. 그래서인지 전세가는 1억원 안팎으로 매우 저렴한 편이다.

재건축 올스톱! 내 목소리를 내기 시작했다

81년에 지어진 연립주택은 살 만했다. '살 만하다'는 것이 '살기에 쾌적하다'는 뜻은 아니다. 재건축을 통해 안전한 새 집에서 살고 싶은 마음은 나를 비롯해 다른 입주민들도 다 같을 것이다. (오래된 연립주택은 의외로 자가 거주 비율이 높다. 노후화가 심한 만큼 전세 시세가 매우 저렴해서 받은 전세금으로 다른 곳의 전세를 구하기가 쉽지 않다. 참고로 D연립의 전세가는 1억원 안팎에 불과하다.)

D연립 재건축조합은 2008년에 설립되었는데, 2014년에 시공사가 부도나는 바람에 재건축 추진이 답보 상태에 빠져버렸다. '그럼 시공사를 바꿔서라도 추진했어야 하는 거 아닌가? 왜 이렇게 잠잠하지?'라는 생각이 들었다. (물론 문제없이 재건축 업무가 재개되었더라면, 내가 D연립을 매수할 수 없었을 것이다.)

잔금까지 치른 마당이니 '나라도 좀 나대야겠다'는 생각이 들었다. 등기를 하고 1주일도 채 지나지 않아 소유주를 대상으로 하는 인터넷 카페를 개설하고 연립 출입구에 안내문을 붙였다. 그 후로 약 1년 반 동안 많은 일들이 있었고, 분명 유의미한 진보가 있었다.

스카이 차량을 이용해 정밀사업성 분석 플래카드를 D연립 외벽에 부착했다.

D연립 재건축 추진을 위해 한 일들
(2018년 10월~2020년 5월)

2018.10.23 잔금 후 등기

2018.10.28 D연립 가로주택정비사업 추진 카페 개설

2018.11~12 카페개설 안내 대자보 게시, 편지함에 안내문 투입

2019.9.19 서울시發 지구단위계획구역 내 준주거지역 용적률 일시 상향
(+100%) 발표

2019.9.20 SH 신속사업성 분석 신청

2019.12.9 SH 신속사업성 분석 결과 수신

2019.12.16 SH 정밀사업성 분석 신청

2019.12.22 SH 신속사업성 분석 결과 플래카드 게시

2019.12 카카오톡 소유주 단톡방 개설

2020.1.21 카카오 모임통장 개설(세대당 30만원, 36가구 중 22가구 갹출)

(카카오뱅크에 가입된 모임원이라면 언제든지 입출금 내역을 확인할 수 있어 관리의 투
명성이 제고된다.)

2020.2.21 조합 해산을 안건으로 하는 임시총회 개최 요청(36가구 중 17가구)

2020.3.9 SH 정밀사업성 분석 결과 수신

2020.3.12 SH 정밀사업성 분석 결과 플래카드 게시

2020.3.16 LH 공공주도형 가로주택정비사업 설명회 신청(36가구 중 10가구)

2020.4.9 LH 공공주도형 가로주택정비사업 설명회

2020.5 코로나19로 임시총회 개최 연기 중(서울시 권고)

2020.5.11 LH 공공주도형 가로주택정비사업 공모 신청(주민동의 50% 이상)

회색 글씨는 D연립이 기존 조합을 해산하는 것과 관련한 업무이기 때문에 보통의 독자들은 겪지 않아도 될 일이다.

소규모 정비사업의 시대, 당신도 해볼 만하다

독자 입장에서는 숨이 턱 막히는 진행 과정일 수 있다. 그런데 다소 극단적으로 보이는 D연립의 재건축 추진 과정은 필자의 경우에 한정된 특수 상황일 뿐이니 지레 겁먹지 말자.

앞에서도 언급했듯이 D연립에는 2008년에 설립된 '일반 재건축 조합'이 아직 존재한다(2020년 5월 기준).

그런데 우연인지 필연인지 사업이 답보에 빠진 와중에 가로주택정비사업 등 소규모주택 정비사업 활성화를 위한 지원 규정이 대거 발표되었다(2018년). 혜택 많은 가로주택정비사업을 놔두고 기존 재건축 방식으로 사업을 진행할 이유가 없어져버린 것이다.

그리하여 가로주택정비사업 조합을 만들기 위해 기존 조합을 해산하는 과정이 포함된 것인데, 보통의 연립주택이라면 조합이 없는 상태일 테니 이런 과정이 필요 없을 것이다. 기존 조합 해산과 관련된 골치 아픈 과정들을 제외하면, 카페와 단톡방을 만들고 SH/LH 등 공기업에 사업성 분석 및 설명회를 신청한 것이 전부다. 이 정도면 해볼 만하지 않을까?

연립주택 투자에 대한 망설임과 물음표를 느낌표로 바꿔드릴 수 있기를 기대하며 책을 시작한다.

이형수

5천만원으로 시작하는
인서울 아파트 입성 프로젝트!

BEFORE

80년대
연립주택

· 낡았다 ——————————
· 싸다 ——————————
· 넓다 ——————————
· 세대수가 적다 ——————————

START

**연립주택
4단계 투자법**

왕초보 도전!

▶

1

서울 내
관심지역 선정

▶

2

100개 연립 중
1개 Pick!

▶

**이런 사람,
연립주택 투자에
적격이다!**

- ☑ 소자본 투자자인가?
- ☑ 몸테크에 자신 있는가?
- ☑ 역세권 직주근접이 절실한가?

→ · 신축으로 대변신!

→ · 집값 오름폭이 크다!

→ · 수익성이 배가된다!

→ · 재건축 스피드 UP!

**신축
인서울
아파트**

AFTER

3

땅의 가치 파악
(대지지분, 용적률 등)

▶

4

**주변 시세보다
싸면 매수**

▶

FINISH

**서울에
내집마련
성공!**

▶

부동산 왕초보의
손품발품을 아껴준다!

서울
연립주택
BEST
100

서북권

종로
은평
서대문
마포

→ 실천마당 ❶

서남권 Ⅱ

영등포
양천
강서

→ 실천마당 ❼

서남권 Ⅰ

금천
구로

→ 실천마당 ❻

동북권 Ⅰ

노원
도봉
강북
성북

〈실천마당〉을 보고
임장할 곳을 선택해 보세요.

→ 실천마당 ❷

동북권 Ⅱ

동대문
성동

→ 실천마당 ❸

동북권 Ⅲ

중랑
광진

→ 실천마당 ❹

동남권

강동
강남
동작

→ 실천마당 ❺

특 별 부 록

연립주택 AS 쿠폰

직접 발로 뛰어 얻은 최신 정보를 정기적으로 업데이트하고 온라인 제공합니다.
저자의 블로그(blog.naver.com/psychist007)에서 파일을 다운받아 보세요.

- 1단계 -

저자 블로그에서 〈서울 연립주택 투자지도〉 게시판을 클릭한다.

▼

- 2단계 -

'서울 연립주택 투자지도 업데이트' 파일을 다운받는다.

▼

- 3단계 -

책 맨 뒤 〈쿠폰〉을 펼쳐 비밀번호를 입력하면 끝!

S O S

궁금하면 저자에게 물어보세요

'서울 연립주택 투자지도'를 공부하다가 궁금한 내용이 있으면
저자 블로그(blog.naver.com/psychist007) → 〈책 내용 문의〉 게시판을 활용해
저자에게 직접 물어보세요.

서울 연립주택 전문 블로그

저자 블로그(blog.naver.com/psychist007)에 오시면
소규모 재건축 관련 법규, 연립주택 개발현황 등 더 많은 정보를 보실 수 있습니다.

목
차

준비마당

─ 나는 연립주택으로 서울 땅을 산다! ─

실천마당

서울 연립주택 100

07 서울 서남권 II (영등포/양천/강서)   222

준비
마당

나는
연립주택으로
서울 땅을
산다!

01 왜 '80년대' '서울' '연립주택'인가?

공동주택 종류 세 가지 – 다세대, 연립, 아파트

소위 '빌라'라는 이름으로 통칭되는 '연립주택'은 아파트, 다세대주택 등과 더불어 대한민국 대도시에서 가장 흔히 접할 수 있는 공동주택의 한 형태다.

좀 더 명확히 세 형태의 공동주택을 구분하면,

| 다세대주택은 동(棟)당 건축연면적이 660㎡(약 200평) 이하인 4층 이하의 주택

| 연립주택은 동(棟)당 건축연면적이 660㎡(약 200평)를 초과하는 4층 이하의 주택

| 아파트는 주택으로 쓰이는 층수가 5개층 이상인 공동주택을 의미한다.

이 책에서는 우선적으로 '80년대'에 '서울'에 지어진 '연립주택'에 초점을 맞춘다.

'그런 집들은 이미 다 재개발이나 재건축을 통해 사라지지 않았나?

　물론 많이 사라졌지만, 아직 상당수의 80년대 연립주택이 서울 곳곳에 남아 있다. 퇴근길에, 산책길에 주변을 살펴보면 어렵지 않게 80년대 연립주택을 마주칠 수 있다. (몇 되지 않는 70년대 후반의 연립주택도 함께 소개한다.)

　그래도 눈에 띄지 않는다고? 그렇다면 앞으로 소개할 무수한 연립주택 중 가장 가깝거나 가장 마음에 드는 한 곳을 택해 재미 삼아 방문해 보자.

　더불어, 경기도 및 주요 광역시에도 위치와 사업성이 뛰어난 연립주택이 많은 만큼 추후 다룰 기회가 있길 바란다.

널찍한 공지를 갖춘 전형적인 80년대 연립주택의 모습

80년대 연립주택은 대지지분이 어마무시하다?

　한발 더 들어가면 80년대와 90년대 연립주택을 비교해 보는 재미가 있는데, 나름 명확한 차이를 보여준다.

	80년대 연립주택	90년대 연립주택
규모	주로 지상 2~3층, 지하 1층	주로 지상 3~4층, 지하 1층
지층 활용	창고 · 보일러실로 활용	사람이 살도록 설계된 경우가 많음
용적률	80~110% 수준	보통 130% 이상

80년대 연립주택은 대지지분[*]이 크다. 세대 평균 대지지분이 20평이 넘는 곳은 어렵지 않게 찾을 수 있고, 심지어 30평이 넘는 곳도 있다. 이렇게 큰 대지지분이 가능한 이유는 낮은 용적률(80~110%)[**]과 낮은 층수(2~3층), 그리고 지하층이 거주 목적으로 활용되지 않았기 때문이다.

지하층의 역사는 1968년 '김신조 무장공비 사건' 이후 2층 이상 건물을 지을 때 방공호로 활용할 수 있는 지하층 설치 의무화와 함께 시작된다. 이렇게 생겨난 지하실은 주로 보일러실이나 창고 용도로 사용되다가 수도권 인구 집중이 가속화되면서, 점차 주거공간으로 전용되었다. 다세대주택이 법제화된 90년대엔 세제 혜택 등을 통해 지하층 세대 건설을 촉진하기까지 했다.

이후 2000년대 초반을 전후해 지하층 의무설치 규정이 폐지되고 주차공간에 대한 규제가 강화되면서 지금은 지하층 세대가 점차 사라지고 있다.

---

[*]   대지지분은 각 세대가 점유하고 있는 땅의 면적을 의미한다. 세대 평균 대지지분은 공동주택의 전체 대지면적을 전체 세대수로 나눈 값으로, 재건축 수익성을 결정짓는 주요 지표 중 하나다.

[**] 용적률에 대한 자세한 설명은 30쪽 참고.

tip 연립주택의 지하실과 조삼모사(朝三暮四)

'쓸모없던 지하실의 존재가 주는 이점이 있다?'

전용면적 20평인 아파트와 연립주택이 있고, 재건축을 통해 각각 전용면적 18평의 새 아파트를 무상으로 받을 수 있다고 하자.

이 경우, 아파트에 살던 사람은 전용면적이 2평 줄어드는 것(20평→18평)에 대한 반감이 있을 수 있다. 낡은 집이 아무리 새 집이 된다 해도 거주 전용면적이 작아지는 것이 기쁜 일은 아닐 테니 말이다.

반면, 연립주택은 전용면적 20평 중 약 5평은 (사용하지도 않던) 지하실이 차지하고 있었다. 실질적인 지상 거주면적은 약 15평이었기 때문에 재건축을 통해 새 집에서 거주할 수 있게 됨은 물론, 실 거주면적도 3평 더 넓어진다(15평→18평). 당연히 재건축을 위한 합의 과정이 더 수월할 것이다. 조삼모사 같지만 사람 심리라는 것이 그런 것을 어찌하겠는가.

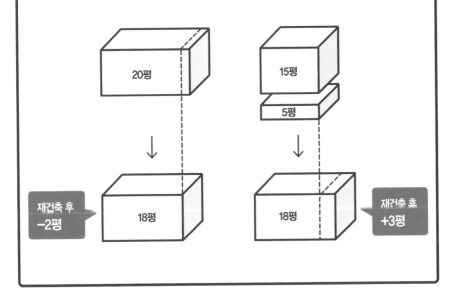

02 용적률과 용도지역에 따라 몸값 천차만별!

연립주택의 현재 용적률이 낮을수록 투자가치는 UP!

용적률은 대지 내 건축물의 바닥면적을 모두 합친 면적(연면적)*의 대지면적에 대한 백분율을 뜻한다. 다만, 용적률을 계산할 때 연면적에 포함된 주차장, 지하층 면적은 제외한다. 용적률은 국토의 계획 및 이용에 관한 법률(이하 국토계획법)과 조례에 따라 지역별로 정해지며, 가용 용적률이 많이 남아 있는 저층 건

★ **연면적** : 연면적은 지상층은 물론 주차장을 비롯한 지하층 시설 등을 모두 포함한다. 예를 들어 지하 1층, 지상 3층으로 된 총 4층짜리 근린생활시설의 각 층의 바닥면적이 100㎡ 라면 연면적은 100㎡ × 4 = 400㎡ 가 된다. 다만 용적률(대지면적에 대한 연면적의 비율) 산정시 적용하는 연면적, 즉 용적률 산정용 연면적에는 지하층 면적과 지상층의 주차장용 면적을 제외한 바닥면적의 합계를 적용하고, 하나의 대지 내에 2개동 이상의 건축물이 있을 경우 각 동의 연면적의 합계를 적용한다.

물일수록 재건축시 더 밀도 있는 건축이 가능하다. 80년대 연립주택은 국토계획법이나 조례상의 용적률 기준을 크게 밑돌기 때문에 사업성이 뛰어나다.

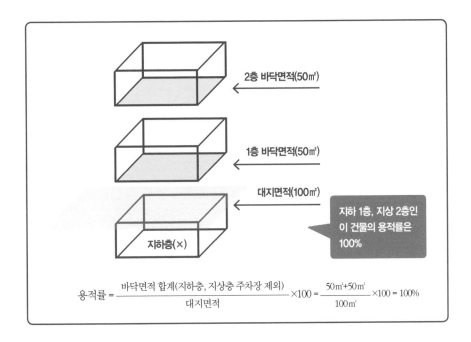

그렇다면 단순히 용적률이 가장 낮은 연립주택을 선택하면 정답일까?

아쉽게도 그렇게 간단하지가 않다. 각 용도지역별로 허용된 용적률의 최대한도가 다르기 때문에 투자에 실수가 없으려면, 다음의 사항들까지 잘 살펴야 한다.

주의! 1 | 서울 지역 용적률은 서울시 조례를 따르다

다음쪽 표에서 서울시 조례와 국토계획법에서 정하는 용적률을 살펴보자. 각각 기준이 다르다. 그렇다면 어떤 기준을 따라야 할까? 서울 지역은 당연히 서울시 조례가 우선된다. 다만, 청년주택 건설이나 임대주택 비율 상향 여부 등에 따라 서울 지역이라도 국토계획법상의 상한 용적률까지 완화 적용받는 경우가 있다.

■ 용적률 상한 비교

(단위:% 이하)

용도지역	서울시 도시계획조례	국토계획법
제1종 전용주거지역	100%	100%
제2종 전용주거지역	120%	150%
제1종 일반주거지역	150%	200%
제2종 일반주거지역	200%	250%
제3종 일반주거지역	250%	300%
준주거지역	400%	500%
준공업지역	400% (주거용도 공동주택은 250%)	400%
중심상업지역	1,000% (4대문 안 중심업무지구는 800%)	1,500%
일반상업지역	800% (4대문 안 중심업무지구는 600%)	1,300%
근린상업지역	600% (4대문 안 중심업무지구는 500%)	900%
유통상업지역	600% (4대문 안 중심업무지구는 500%)	1,100%

> 서울시 조례가 국토계획법보다 우선이다.

주의! 2 | '도시정비사업' 용적률은 따로 있다?

도시정비사업(주거환경 개선 사업, 재개발 사업, 재건축 사업 등)을 통해 개발이 이뤄질 경우 적용되는 용적률은 따로 있다. 80년대 연립주택 역시 가로주택정비사업이나 소규모 재건축 등 도시정비사업을 통해 개발이 될 때는 다음 표처럼 용도지역*에 따라 기준, 허용, 상한, 법적 상한으로 구분된 용적률을 적용한다. 특히 최대치의 용적률(법적 상한 용적률)을 적용받기 위해서는 여러 조건을 충족해야 하므로 투자 전 꼼꼼하게 확인해야 한다.

■ '2025 서울시 도시·주거환경정비 기본계획'에 따른 용적률 한도 　(단위:% 이하)

용도지역	❶ 기준 용적률	❷ 허용 용적률	❸ 상한 용적률	법적 상한 용적률
제1종 일반주거지역	조례 용적률(150%)			
제2종 일반주거지역 (7층 이하)	170%	190%	250%	250%
제2종 일반주거지역	190%	200%	250%	250%
제3종 일반주거지역	210%	230%	250%	300%
준주거지역	300%	320%	400%	500%
준공업지역	기존 공동주택 재건축시 제3종 일반주거지역과 동일 기준 적용			

> 일정 요건들을 충족할수록 적용할 수 있는 용적률이 높아진다.

❶ 기준 용적률은 도시·군계획 조례에 따른 용적률의 범위 안에서 입지적 여건을 고려해 정한 용적률을 말하는데, **재건축을 할 경우 적용받는 '기본' 용적률**로 생각할 수 있다.

❷ 허용 용적률은 기준 용적률에 '인센티브로 제공되는' 용적률을 합산한 용

★ 　**용도지역** : 토지 및 건축물의 용도, 건폐율, 용적률, 높이 등을 제한함으로써 경제적이고 효율적인 토지 이용을 도모한다. 서로 중복되지 않도록 지정되며, 모든 토지에 적용된다.

적률 범위를 말한다. 인센티브를 받기 위해서는 수명이 긴 주택 공법을 적용(장수명주택)하거나, 에너지효율등급 기준을 만족하거나, 재생 에너지를 난방원으로 공급하는 등 지자체가 요구하는 조건을 충족해야 한다.

❸ 상한 용적률은 토지를 '기부채납하는 경우에 추가로 부여되는' 용적률을 합산한 범위를 말한다. 땅의 면적이 줄어드는 대신 용적률은 늘어나는 개념이기에 사업지별로 최적의 효율성을 가지는 비율에 맞춰 기부채납하는 경우가 많다. 이렇게 기부채납된 토지는 도로, 주차장, 공원, 주민문화센터 등 공공시설로 활용된다.

용적률 세분 규정은 여기서 끝이 아니다. 도시의 일부 지역 단위로 수립된 지구단위계획에 따라 세부 용적률이 다시 달라질 수 있다.

주의! 3 | 용도지역에 따라 가치 역전!

제2종 일반주거지역에 위치한 용적률 80%인 연립주택과 준주거지역에 위치한 용적률 100%인 연립주택이 있다고 하자. 다른 조건은 동일하다 가정하고 하나를 선택해 투자한다면 어느 쪽이 더 좋은 투자일까?

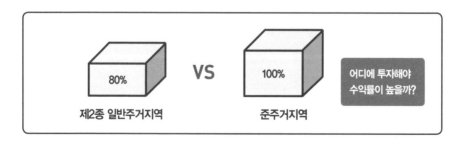

꽤 많은 사람들이 현재 용적률이 20% 더 낮은 제2종 일반주거지역을 고른다. 현재의 대지지분이나 용적률에 초점을 맞춘 것인데 과연 현명한 선택일까?

제2종 일반주거지역과 준주거지역 모두 상한 용적률을 적용받는다고 가정해 보자. 제2종 일반주거지역은 250%를 적용받는데, 현재 용적률이 80%이므로 증분은 170%로 볼 수 있다. 반면 준주거지역은 400%를 적용받으므로 현재 용적률 100% 대비 증분이 300%에 달한다. 따라서 투자의 성공률을 높이기 위해서는 반드시 투자처의 용도지역까지 확인해야 한다.

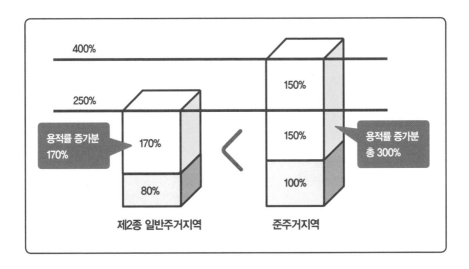

용도지역은 크게 4가지로 구분되며, 구분된 용도지역에 따라 다시 세분되어 지정된다. 건축 가능한 용도지역의 용적률은 '미래의 가능성'을 의미하므로[★] 다

★ 일반적으로 조례에서 정하는 허용 용적률과 현재 용적률의 차이가 클수록 기대수익률이 높다. 투자 판단을 할 때는 대지의 크기나 모양, 교통조건, 자연환경, 유해시설 유무, 교육환경 등이 복합적으로 고려되어야 하겠지만 가장 기본이 되는 것은 '용적률'이다.

른 조건이 모두 동일하다면 도시지역에서는 '**상업지역 > 준주거지역 > 준공업지역 ≥ 제3종 일반주거지역 > 제2종 일반주거지역 > 제1종 일반주거지역**' 순으로 투자 메리트가 있다고 볼 수 있다.★

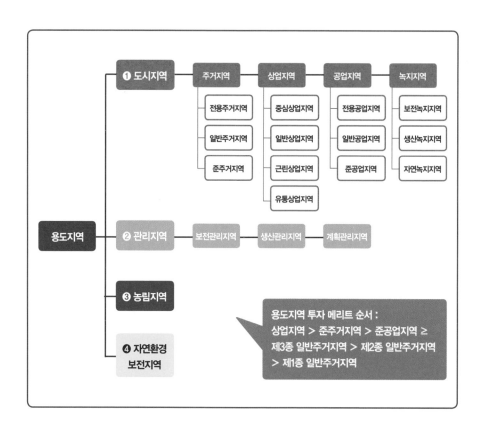

★ 서울에서 용적률이 가장 높은 건물은 무엇일까?

정답은 을지로1가 서울광장 맞은편에 있는 프레지던트호텔(백남빌딩)이다. 1971년에 준공된 건물로 용적률이 무려 1,930%, 건폐율은 90.5%에 달한다(용적률이 높기로 유명한 도곡동 타워펠리스 1·2차가 900%대 용적률이다). 1970년에 건축법이 개정되면서 용적률과 건폐율에 대한 규정이 생겼는데 프레지던트 호텔이 착공한 시점은 그 이전인 1969년이다!

주의! 4 | 수익률 까먹을 수도 있는 지구단위계획 확인은 필수!

관심지역이 생겼다면, 해당 지역의 지구단위계획 수립 여부와 그 세부 내용에 대해서도 알아보자. 지구단위계획에 의해 건축물의 용도제한·건폐율·용적률·높이의 최고한도 등이 결정되기 때문이다.

예를 들어, 용도지역이 사업성 좋은 준주거지역이라도 지구단위계획에서 별도로 명시한 깐깐한 용적률·건폐율 기준이나 건축제한 등이 있다면 그에 따라야만 한다. 내가 찾은 연립주택이 ㅁㅁ계획구역, ㅇㅇ지역 등에 속해 있다는 것이 항상 좋은 소식인 것만은 아니다.

다음은 지구단위계획구역에서 최고높이 및 용적률을 제한한 예시다.

[공항로 지구단위계획구역의 건축물 높이 제한]

(출처 : 서울특별시 고시 제2013-387호)

용도지역	계획내용			비고
	구분	기준높이	최고높이	
일반상업지역	간선도로변	–	65m 이하	건축물의 높이제한은 최고고도지구(H1 : 수평표면 해발 57.86m 이하, H2 : 원추표면 해발 112.86m 이하)를 초과할 수 없다.
	이면부			
준주거지역	간선도로변	60m 이하	70m 이하	
	이면부	–	45m 이하	
제3종 일반주거지역	간선도로변	–	55m 이하	
	이면부		35m 이하	
제2종 일반주거지역	간선도로변	–	30m 이하	
	이면부		25m 이하	
	7층 이하			
자연녹지지역	–	–	–	

용도지역별로 최고높이가 다르며, 심지어 간선도로변·이면부에 따라서도 최고높이가 다르다.

[공항로 지구단위계획구역의 주거복합 건축물 및 공동주택 건축시 허용 용적률]

(출처 : 서울특별시 고시 제2013-387호)

주택연면적 비율(%)	시 도시계획조례 (제55조 제3항)	일반상업지역 (일반주거지역 → 일반상업지역) 서울시 고시 제1996-195호		준주거지역 (일반주거지역 → 준주거지역) 서울시 고시 제1996-46호, 1996-231호	
		접도조건 양호 (12m 이상)	접도조건 불량 (12m 미만)	접도조건 양호 (8m 이상)	접도조건 불량 (8m 미만)
90 이상	–	–	–	250% 이하	250% 이하
70 이상 ~ 90 미만	–	–	–	300% 이하	250% 이하
60 이상 ~ 70 미만	600% 이하	500% 이하	400% 이하	320% 이하	260% 이하
50 이상 ~ 60 미만	650% 이하	530% 이하	425% 이하	330% 이하	270% 이하
40 이상 ~ 50 미만	700% 이하	560% 이하	450% 이하	340% 이하	280% 이하
30 이상 ~ 40 미만	750% 이하	590% 이하	475% 이하	350% 이하	290% 이하
20 이상 ~ 30 미만	800% 이하	630% 이하	500% 이하	360% 이하	300% 이하
20 미만	800% 이하	630% 이하	500% 이하	360% 이하	300% 이하

주거비율의 비중, 해당 구역이 접한 도로의 폭 등에 따라 적용 용적률이 달라진다.

서울도시계획포털(https://urban.seoul.go.kr)에서 지구단위계획을 공개하고 있다. 자치구별로 조회하거나 구와 동, 상세 지번을 입력해 지구단위계획구역에 포함되는지 확인할 수 있다. 자세한 내용은 다음 쪽에서 살펴보자.

서울도시계획포털
(https://urban.seoul.go.kr)

서울도시계획포털에서 용도지역과 지구단위계획 확인하기

관심지역의 용도지역과 지구단위계획을 확인하는 방법은 여러 가지다. 서울도시계획포털(https://urban.seoul.go.kr)에서 제공하는 '지도서비스'를 이용하면 서울 지역 전반의 용도지역과 지구단위계획 등을 한 번에 확인할 수 있다. 이외에 토지면적, 공시지가, 용도구역 등도 조회 가능하니 잘 활용하면 좋겠다.

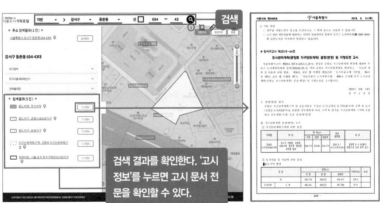

검색 결과를 확인한다. '고시정보'를 누르면 고시 문서 전문을 확인할 수 있다.

지번을 검색하면 용도지역, 용도지구, 지구단위계획구역 등의 고시정보를 확인할 수 있다.

■ 서울도시계획포털 '지구단위계획' 메뉴에서는 자치구별 지구단위계획을 조회할
  수 있다.

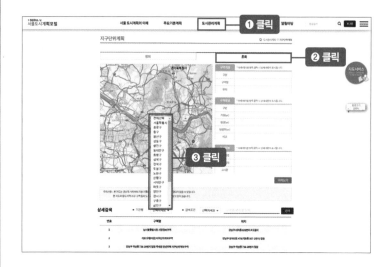

■ 네이버 부동산(https://land.naver.com)에서는 각종 개발계획 정보를 보여주는 기능
  을 베타 서비스 중이다. 지하철이나 도로 신설 계획과 더불어 지구단위계획구역
  이나 개발 예정지역을 확인할 수 있다.

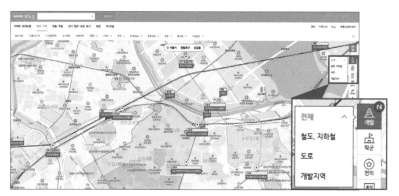

(출처 : 네이버 부동산)

- 다시 '서울도시계획포털'로 돌아와 용도지역을 확인해 보자. 구와 동, 상세 지번을 입력하면 해당 지역이 포함되는 용도지역을 직관적으로 확인할 수 있다. 부번이 없는 경우는 '0'을 입력하면 된다.

- 포털사이트의 지도 서비스를 이용해 용도지역을 확인할 수도 있다. '서울도시계획포털'이나 '네이버 지도'에 비해 '카카오맵'의 색상 구분이 좋은 편이다.

(출처 : 카카오맵)

투자의 발목을 잡을 수 있는 '최고높이 제한'

03

건물의 높이를 제한하는 4가지 경우

일반적으로 건물의 높이제한은 아래의 4가지 경우로 나뉜다.

❶ 일조권 확보를 위한 높이제한
❷ 용도지역에 의한 높이제한
❸ 가로구역별 높이제한
❹ 용도지구에 의한 높이제한

❶ **일조권 확보를 위한 높이제한**은 일상생활에서 가장 보편적으로 접하는 높이제한으로, 주로 주거지역에서 채광량 확보를 위해 도로폭, 인동거리(아파트 간

간격), 대지경계선(인접지, 도로, 하천 등과의 경계선) 등에 따른 높이를 제한하는 것이
라 볼 수 있다.

❷ **용도지역에 의한 높이제한**은 아래의 표와 같다. 상업지역·준주거지역·
준공업지역은 전용주거지역이나 일반주거지역에 비해 높은 고도의 건축이 가
능하다는 것을 알 수 있다.

■ **국토계획법, 건축법, 서울특별시 스카이라인 관리원칙 등 건축물 높이기준에 관한 사항**

용도지역	용적률	건폐율	높이제한			비고
			도시광역중심	지역중심	그 외 지역	
제1종 전용주거지역	100% 이하	50% 이하	2층 이하 (주거 8m, 주거 외 11m)			서울특별시 건축조례 제33조
제2종 전용주거지역	120% 이하	40% 이하	—			
제1종 일반주거지역	150% 이하	60% 이하	4층 이하			국토계획법 시행령 [별표4]

제2종
일반주거지역
(7층 이하)
	200%
	이하
		60%
		이하
			7층 이하
			• 아파트 건축시 : 평균 7층 이하
			  (공공시설부지 기부채납시 평균 13층 이하)
			• 시장정비사업 승인 전통시장 : 15층 이하
			• 균형발전사업지구 및 산업개발진흥지구,
			  특정관리대상시설에 아파트 건축시 :
			  10층 이하
						서울특별시
						도시계획
						조례 제28조

용도지역	용적률	건폐율	높이제한			비고
			도시광역중심	지역중심	그 외 지역	
제2종 일반주거지역	200% 이하	60% 이하	25층 이하			서울특별시 스카이라인 관리원칙 (행정2부 시장 방침 제125호, '14.04.11)
제3종 일반주거지역	250% 이하	50% 이하	35층 이하(주거) 50층 이하(복합)		35층 이하	
준주거지역	400% 이하	60% 이하	35층 이하 (주거) 51층 이상 (복합)	35층 이하 (주거) 50층 이하 (복합)	35층 이하 (주거) 40층 이하 (복합)	
중심상업지역	1,000% 이하 (4대문 안 800% 이하)	60% 이하				
일반상업지역	800% 이하 (4대문 안 600% 이하)	60% 이하				
근린상업지역	600% 이하 (4대문 안 500% 이하)	60% 이하				
유통상업지역	600% 이하 (4대문 안 500% 이하)	60% 이하				
준공업지역	400% 이하	60% 이하	35층 이하(주거) 50층 이하(복합)		35층 이하 (주거) 40층 이하 (복합)	

(출처 : 서울특별시 공고 제2019-2호(2019.1.3) 운영지침 일부 개정)

❸ **가로구역별 높이제한**은 기존에 도로폭에 따라 제한했던 도로사선 제한을 대체하는 것으로, 가로구역(도로로 둘러싸인 일단의 지역)을 단위로 하여 건축물의 최고높이를 제한한다.

건축위원회의 심의를 거친 경우에는 가로구역의 최고높이 제한을 완화할 수 있도록 규정하고 있으며, 동일한 가로구역 내에서도 제한 높이를 다르게 정할 수 있도록 함으로써 보다 합리적인 건축물 높이관리가 가능하다.

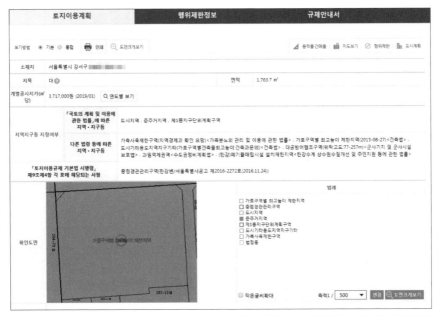

토지이용규제정보서비스(http://luris.molit.go.kr)에서 토지 지번을 검색하면 가로구역별 최고높이 제한지역에 속하는지를 확인할 수 있다. 해당 지역의 자세한 건축 가능 높이는 건축물의 종류나 용도, 전면도로의 폭 등에 따라 달라지며, 기부채납, 공개공지, 조경면적 등에 따라서도 완화 적용될 수 있다.

❹ **용도지구**는 국토계획법에 의해 경관지구, 고도지구, 방화지구, 방재지구, 보호지구, 취락지구, 개발진흥지구, 특정용도제한지구, 복합용도지구로 구분된

다. 이 중 **경관지구, 고도지구가 최고높이와 특히 관련이 깊다.**

예를 들면, 여의도공원을 기준으로 동여의도와 서여의도의 스카이라인은 극명한 차이를 보인다. 동여의도에는 IFC, 파크원, 전경련회관 등 50층이 넘는 초고층 빌딩이 즐비한 반면, 서여의도는 10층 남짓의 고만고만한 높이의 건물이 모여 있다. 국회의사당 때문에 최고고도지구로 지정되어 있기 때문이다.

국회의사당 때문에 최고고도지구로 지정된 서여의도는 건물 높이가 낮다

로드뷰로 본 동여의도와 서여의도

강서구의 마곡지구 역시, 김포공항이 인접한 이유로 최고고도지구로 지정되어 초고층 건축물이 없다. 남산과 한강 사이에 위치한 한남더힐이나 나인원한남 같은 고급 아파트들도 생각보다 층수가 높지 않은데, 이는 남산 경관지구 지정으로 최고높이가 제한되기 때문이다.

이처럼 최고높이 제한이 투자의사 결정에 복병이 되는 경우가 있다. 예를 들어, 건폐율★ 상한 60%, 용적률 상한 400%인 준주거지역이 있다고 가정해 보자. 그런데 이 땅이 경복궁 옆에 위치해 최고높이 제한이 12m(4층)라면 어떨까? 건폐

★　**건폐율** : 대지면적 대비 건축면적을 나타내는 비율이다. 건폐율 제한은 대지에 건물이 과밀화되는 것을 방지하고, 여유공간을 확보하는 역할을 한다.

율을 최대한 활용한다 해도 60%×4층으로 240%밖에 활용하지 못한다.

투자 대상을 선택할 때, 용적률이나 건폐율뿐 아니라 최고높이 제한까지 확인이 필요한 이유다. 서울의 경우 공항, 산, 고궁 및 유적지, 국가기관 인근은 특별히 더 주의가 필요하다.

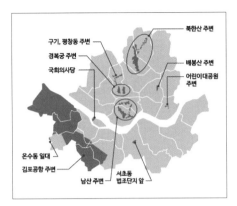

서울시 최고고도지구 위치도

■ 서울 도심 최고고도지구 현황

지정 취지	지구	행정구역	면적(㎡)
국가시설보호	국회의사당	영등포구	883,700
	서초동 법조단지 앞	서초구	
	김포공항 주변	강서 · 양천 · 구로 · 영등포 · 금천 · 관악구	80,193,000
주요 산 및 문화재의 환경 · 경관 보호	남산 주변	중구 · 용산구	8,463,439
	북한산 주변	도봉 · 강북구	
	구기동, 평창동 주변	종로구	
	경복궁 주변	종로구	
	어린이대공원 주변	광진구	
	배봉산 주변	동대문구	
무질서한 확산 방지	온수동 일대	구로구	94,130

(출처 : 서울특별시 도시계획국 발표자료)

47

연립주택과 찰떡궁합, 가로주택정비사업

04

신속한 사업 진행과 쏟아지는 혜택
새 아파트 장만을 위한 지름길, 가로주택정비사업!

앞에서 80년대 연립주택이 가진 장점(높은 대지지분, 사업성 등)을 살펴보았다. 본격적으로 연립주택에 투자하려면 다른 건 몰라도 가로주택정비사업만큼은 이해하고 있어야 한다.

가로주택정비사업이란 노후·불량 건축물이 밀집한 가로구역에서 종전의 가로를 유지하면서 소규모로 주거환경을 개선하기 위해 시행하는, '빈집 및 소규모주택 정비에 관한 특례법'에 의한 정비사업의 하나다. 여기서 가로(街路)란 시가지 내 도로를 의미한다.

■ 가로주택정비사업이 가능한 조건

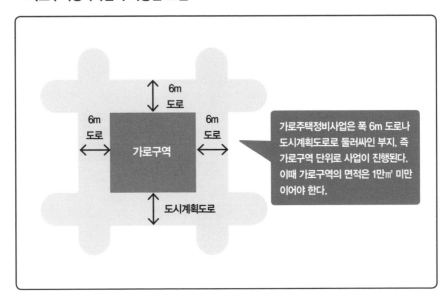

가로주택정비사업은 정비기본계획* 및 정비계획의 수립과 정비구역 지정 절차를 적용하지 않기 때문에 사업기간을 단축할 수 있으며, 대지의 조경 기준, 건폐율 산정 기준, 대지 안의 공지 기준 및 건축물의 높이제한 기준도 지방건축위원회 심의를 거쳐 완화 적용할 수 있다.

국토교통부는 물론 서울시, LH(한국토지주택공사), SH(서울주택도시공사), HUG(주택도시보증공사) 등에서 가로주택정비사업에 대한 각종 혜택을 쏟아내고 있다.

★ **(도시 · 주거환경) 정비기본계획** : 도시환경을 개선하고 주거생활의 질을 높이기 위해 '도시 및 주거환경 정비법'에 의해 수립된 장기(10년) 도시계획을 말한다(개별 법률에 근거하여 추진되던 재개발, 재건축, 주거환경 개선 사업에 대한 단일화의 필요성이 제기되어 2002년 '도시 및 주거환경정비법' 제정).

■ 일반 재건축에 비해 간소화된 가로주택정비사업의 재건축 절차

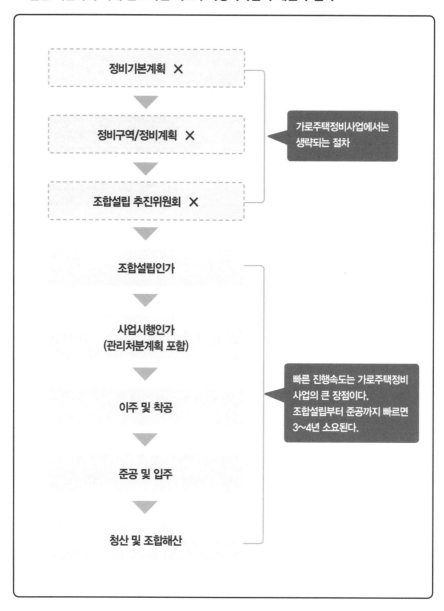

정비기본계획 ✕

정비구역/정비계획 ✕

조합설립 추진위원회 ✕

가로주택정비사업에서는
생략되는 절차

조합설립인가

사업시행인가
(관리처분계획 포함)

이주 및 착공

준공 및 입주

청산 및 조합해산

빠른 진행속도는 가로주택정비
사업의 큰 장점이다.
조합설립부터 준공까지 빠르면
3~4년 소요된다.

가로주택정비사업의 첫 단추 – 기준 요건부터 확인하자!

가로주택정비사업의 첫 단추는 해당 사업지가 기준 요건을 충족하는지 확인하는 것이다. 기준이 되는 요건은 아래와 같다.

요건1 도시계획도로 또는 폭 6m 이상의 도로로 둘러싸인 1만㎡ 미만의 가로구역으로서 통과도로(폭 4m 이하 도로는 제외)가 없어야 한다.

먼저, 내가 찾은 연립주택이 **요건1** 에 맞는지 살펴보자. 면적은 디스코(https://disco.re) 등의 부동산 사이트를 이용하면 토지대장과 연동된 값을 확인할 수 있다. 개별 필지의 면적은 물론이고, 여러 필지의 면적을 합산할 수도 있어 가로구역 전체 면적을 알아보기에도 유용하다.

동대문구 장안동 92번지 일대 면적 기준 요건 확인 사례.
가로구역의 면적 합계가 3,629㎡(약 1,097.77평)로 '1만㎡ 미만' 요건을 충족한다. 디스코 홈페이지에서 왼쪽 측면의 '면적' 아이콘을 누르고 합산하고 싶은 필지들을 클릭하면 자동으로 계산된다. (출처 : 디스코 홈페이지)

반면, 도로폭은 줄자를 들고 현장에 가서 측정하지 않는 한 정확한 값을 알기 힘들다. 지자체에 문의해 6m 이상인지, 4~6m 사이인지 등을 확인받을 수 있을 따름이다. 그나마 근사값을 얻는 팁이라면 포털 지도의 로드뷰를 보면 주차된 차들이 보이는데, 쏘나타나 그랜저 같은 차량은 폭이 2m에 조금 못 미친다. 이를 기준으로 대략적인 수치를 유추할 수는 있다. 포털사이트에서 제공하는 지도의 거리 측정 툴을 이용하는 것도 한 방법이다.

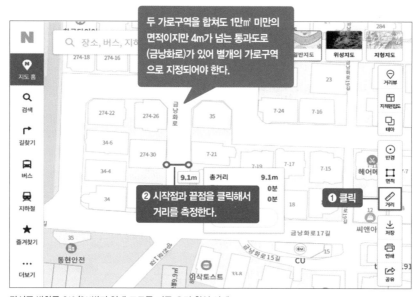

강서구 방화동 810/811번지 일대 도로폭 기준 요건 확인 사례.
네이버 지도의 거리 측정 툴을 이용할 수도 있다. 오차가 발생할 수 있으니 이를 감안하여 계산해야 한다.
(출처 : 네이버 지도)

단, 해당 지역의 일부가 도로가 아닌 광장, 공원, 녹지, 하천, 공공공지, 공용주차장 또는 예정도로에 접한 경우에는 해당 시설을 도로로 본다(학교나 종교시설은 포함되지 않는다).

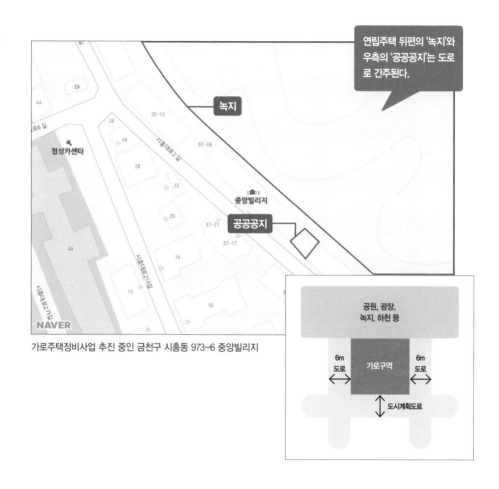

가로주택정비사업 추진 중인 금천구 시흥동 973-6 중앙빌리지

요건 2 노후·불량 건축물의 수가 사업시행구역(1만㎡ 미만, 가로구역의 전부 또는 일부) 내 전체 건축물 수의 2/3 이상인 지역이어야 한다.

다음 자료는 서울시 조례에 따른 노후 건축물의 기준이다. 해당 건물이 노후 건축물 기준에 부합하는지 확인해 보자.

■ **노후 건축물 기준**

> 노후 · 불량 건축물의 수가
> 전체 2/3 이상이어야 한다.

1. 공동주택

– 철근콘크리트 · 철골콘크리트 · 철골철근콘크리트 및 강구조 :

준공년도 구분	5층 이상 건축물	4층 이하 건축물
1981년 12월 31일 이전	20년	20년
1982년	22년	21년
1983년	24년	22년
1984년	26년	23년
1985년	28년	24년
1986년	30년	25년
1987년		26년
1988년		27년
1989년		28년
1990년		29년
1991년 1월 1일 이후		30년

– 그 외의 공동주택 : 20년

2. 공동주택 이외의 건축물

– 철근콘크리트 · 철골콘크리트 · 철골철근콘크리트 및 강구조 :
   30년(단독주택 제외)
– 그 외의 건축물 : 20년

3. 과소필지 안의 건축물로 2009년 8월 11일 전에 건축된 건축물

(출처 : 서울시 도시 및 주거환경정비 조례)

요건 3 기존 주택의 호수 또는 세대수가 10호(단독주택), 20세대(공동주택), 20채(단독주택+공동주택) 이상이어야 한다.

아래의 연립주택은 공동주택에 속하므로 20세대 이상이면 된다. 연립주택의 세대수는 건축물대장(정부24 무료열람, https://www.gov.kr/)을 통해 확인할 수 있으며, 디스코(https://disco.re/) 등의 부동산 정보 사이트에서도 간단히 확인할 수 있다.

대부분의 연립주택은 단지 규모가 1만㎡ 미만이고, 가로(블록) 단위로 위치하는 경우가 많다. 상당수가 '20세대 이상' 조건도 충족한다. 80년대에 지어진 만큼 이미 노후도를 충족했으며, 각 세대의 대지지분이 대동소이해 의견 합치도 수월하다.

(출처 : 부동산 앱, 디스코)

거기에 더해 낮은 용적률과 큰 대지지분으로 사업성까지 뛰어나니 가로주택
정비사업이야말로 연립주택을 위한 맞춤제도라고 해도 무리가 없겠다. 〈실천
마당〉에서 살펴보게 될 연립주택 100곳 중 상당수도 가로주택정비사업 요건을
갖추고 있다.

가로주택정비사업 시행 가능성을 보고 연립주택을 매수하려는 경우에는, 반
드시 요건 충족 여부를 관할 구청 주택과나 SH공사 등을 통해 다시 한번 확인하
는 것이 좋다.

조건만 충족한다면 가로구역 일부 진행도 가능

가로주택정비사업은 가로구역의 전부 또는 일부에서 시행할 수 있다. 가급적 가로구역 전부에서 사업이 시행되면 좋겠지만, 준공된 지 얼마 안 된 건축물이 동일 가로구역 내에 있거나, 소유주간 의견이 어긋나는 경우에는 가로구역 일부에서 사업이 시행될 수밖에 없다.

가로구역 전부 시행
덕화연립(양천구 신월동 118-14/118-46/118-47)

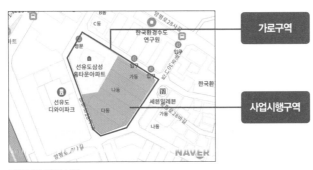

가로구역 일부 시행
유성빌래(영등포구 양평동6가 84)

05 가로주택정비사업 혜택 총정리

가로주택정비사업 기본 혜택 4가지
최고의 혜택은 재건축 초과이익 환수 면제!

가로주택정비사업에 주어지는 혜택은 점점 늘고 있다. 먼저, 기본 혜택은 아래와 같다.

기본 혜택

❶ 정비구역 지정·추진위원회 설립이 면제되는 절차적 간소화

❷ 용적률 상향, 최고높이 기준, 건축사선,* 조경면적 기준 완화 등의 건축적 혜택

❸ 저금리(연 1.5%, 총사업비의 50~90% 범위)의 사업비 대출 등 금융적 혜택

❹ 재건축 초과이익환수제 적용 면제

❶과 ❷는 앞에서 자세히 살펴보았으므로 나머지 두 혜택을 들여다보자.

❸저금리 사업비 대출은 큰 메리트를 준다.

■ 사업비 대출 범위

구분	총사업비의 50%	총사업비의 70%	총사업비의 90%
	일반 가로주택정비사업	연면적 또는 세대수의 20% 이상 공적 임대주택 공급시	공공 참여시(LH, SH 등)

❹ 재건축 초과이익환수제(이하 재초환)★★ 적용 면제는 가로주택정비사업의 최고 혜택이라 할 수 있다.

재초환은 재건축을 통해 조합원 1인당 평균 개발이익이 3,000만원을 초과하는 경우, 정부가 초과이익의 최대 50%를 부담금으로 거두는 제도다. 추진위원회 구성부터 입주 시점까지 오른 집값에서 정상주택 가격상승분·공사비·조합운영비 등을 제외한 초과이익에 누진율을 적용해 부과한다.

예를 들어, 일반 재건축 방식을 통해 2억원의 초과이익이 발생한 경우 환수액이 6,500만원에 달하는데(2,000만원+9,000만원×50%=6,500만원), 가로주택정비사업 방

★   가로주택정비사업은 인접대지 정북방향 일조권 사선제한 규정이 완화 적용된다. 각종 건축규제 완화에 대한 가세한 시한은 '빈집 및 소규모주택 정비에 관한 특례법' 제48조(건축규제의 완화 등에 관한 특례) 1항을 참고하자.

★★   재건축 초과이익환수제 : 2006년 9월에 처음 도입되었으나 이후 글로벌 금융위기 등의 영향으로 부동산 경기가 침체하자 2012년부터 시행이 유예된 바 있다. 2018년 1월 1일부로 부활했다.

식으로 재건축이 이뤄지면 이 부분이 면제된다.

■ **재초환 부과율 및 부담금**

조합원 1인당 평균이익	조합원 1인당 부담금 산식
3,000만원 이하	면제
3,000만원 초과 ~ 5,000만원 이하	3,000만원 초과금액의 10%
5,000만원 초과 ~ 7,000만원 이하	200만원 + 5,000만원 초과금액의 20%
7,000만원 초과 ~ 9,000만원 이하	600만원 + 7,000만원 초과금액의 30%
9,000만원 초과 ~ 1억 1,000만원 이하	1,200만원 + 9,000만원 초과금액의 40%
1억 1,000만원 초과	2,000만원 + 1억 1,000만원 초과금액의 50%

재초환 부과는 단지별 총액으로 하지만, 총액 산식이 어렵게
느껴질 수 있어서 1인당 부담금 기준으로 작성했다.

2억 초과이익 발생시
일반 재건축 재초환 금액 = 6,500만원
가로주택정비사업 = 면제!
6,500만원 이득!

공공 참여시 늘어나는 혜택들

공공(LH, SH 등)이 참여하면 혜택이 더욱 늘어난다. 공공이 참여하고 공공임대
주택을 10% 이상 공급하는 사업장에는 다음과 같은 혜택이 추가로 주어진다.

공공(LH, SH) 참여＋공공임대 10% 이상 공급시 추가 혜택
❶ 일반분양분이 30세대를 넘는 경우에도 분양가상한제 적용 제외
  (2020년 9월 주택법 시행령 개정, 2020. 5 발표)
❷ 기금 융자 금리를 연 1.5%에서 연 1.2%로 0.3%만큼 추가 인하

❸ 사업시행구역을 2만㎡까지 확대

('빈집 및 소규모주택 정비에 관한 특례법' 시행령 개정, 2020. 3. 17 시행. 자세한 내용은 62쪽

참고)

더 나아가 공공임대주택을 20% 이상 공급*하면 다음과 같은 혜택이 또 더해

진다.

공공임대 20% 이상 공급시 추가 혜택

❶ 시·도 조례에서 정하는 용적률 기준을 뛰어넘어 '국토계획법'이 정하는 허용 용

적률까지 건축 제한 완화

❷ 제2종 일반주거지역의 최고 층수를 기존 7층에서 15층으로 상향

최근 재개발 사업 등 기존 대규모 정비사업 물량이 줄고, 소규모 재건축에 대

한 정부의 제도적 지원이 강화되면서 대형 건설사들도 가로주택정비사업 분야

에 진출하는 사례가 늘고 있다.

현대건설과 현대산업개발, 호반건설, 동부건설 등은 이미 가로주택정비사업을

수주하였으며, GS건설의 자이에스앤디, 대우건설의 대우에스티처럼 소규모 정

비사업을 전담하는 자회사를 운용·설립하는 사례도 늘고 있다.

★   연면적 기준과 세대수 기준 중 선택할 수 있다. 다만 세대수 기준 적용시 서울은 세대당 전용면적 '40㎡

이상'이라는 조건이 붙는다.

tip

🏠 **공공성 충족시 가로구역 2만㎡까지 상향!**
투기과열지구도 혜택!

2019년 12월 16일 '주택시장 안정화 방안'이 발표되었다. 여러 내용 중 주택 공급 확대와 관련된 주요 내용은 다음과 같다.

1. 공공성 요건을 갖춘 가로주택정비사업에 대한 혜택 늘리기
2. 준공업지역의 주거 기능(오피스텔 등) 활성화시키기

여기서 말하는 가로주택정비사업의 공공성 요건은 아래 4가지다.

1. LH, SH 등 '공기업'이 공동시행자 등으로 사업 참여
2. 공공이 가격의 결정권을 가지고 사업손익을 부담하는 '확정지분제'★ 시행
3. 시세보다 저렴한 분양주택과 '공공임대주택'(최소 10%) 공급
4. 난개발 방지를 위해 1만㎡ 이상의 사업구역은 '지구단위계획 수립 및 지방도시계획위원회의 심의' 의무화

위의 공공성 요건 4가지를 모두 충족하면, 투기과열지구★★에서도 가로구역 면적 범위를 최대 2만㎡까지 확대시켜 준다. 투기과열지구는 주택가격 상승률이 물가상승률보다 현저히 높아 주택에 대한 투기가 우려되는 지역에 지정된다. 행위제한이 가장 강력하게 적용되는 부동산 규제지역임에도 공공성을 갖춘 가로주택정비사업에는 혜택을 제공하는 특수한 사항으로 볼 수 있다.

★ **확정지분제** : 계약 시점에 조합원의 지분보상률을 확정하는 방식으로, 일단 계약이 이뤄지면 조합과 시공자 간의 갈등 발생 확률이 낮아 안정적인 사업 운용이 가능하다.

★★ **투기과열지구** : 지역별로 청약경쟁률 · 주택가격 · 주택보급률 · 주택공급계획 등을 고려해 지정한다. 현재 서울 전 지역은 투기과열지구로 지정되었다(2020년 5월 기준).

가로주택정비사업 애매모호 Q&A!  **06**

가로주택정비사업 구역 지정과 관련하여 많은 사람들이 애매하다고 생각할 수 있는 부분을 LH와 SH의 가로주택정비사업 담당자에게 직접 묻고 정리했다.

Q1 앞의 51쪽 **요건1** 중 '도시계획도로 또는 폭 6m 이상의 도로로 둘러싸인' 의 '또는'이란 표현으로 미루어, 도시계획도로는 도로폭이 6m 이내라 하여도 기부채납을 할 필요가 없다는 뜻으로 해석되는 게 맞나?

▶ 그렇다. 도로폭이 6m가 안 되면 기부채납을 통해 도로를 확보하면 되는 데, 도시계획도로인 경우 6m 미만이더라도 도로를 추가로 기부채납할 필요는 없다. 단, 도로폭이 4m는 초과해야 한다.

Q2 도시계획도로인지, 건축법상 일반 도로인지 확인할 수 있나? ⋯⋯⋯⋯⋯

▶ 앞에서 소개한 서울도시계획포털(https://urban.seoul.go.kr)의 '지도서비스'를 이용해 도시계획도로를 확인할 수 있다. 다만, 도로폭에 대한 정보가 나와 있지 않고, 업데이트 미비 등의 문제가 있을 수 있으므로 지자체(구청 주택과 등)를 통해 다시금 확인받는 것이 가장 좋다.

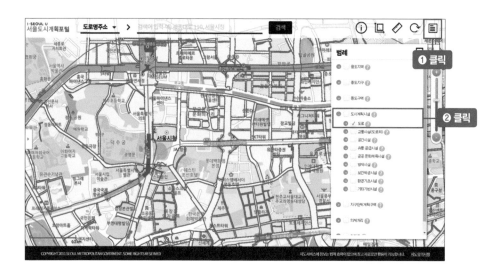

Q3 통과도로의 폭이 4m 미만일 때는 선택적으로 해석할 수 있나? ⋯⋯⋯⋯⋯

▶ 그렇다. 4m 미만 도로가 통과하고 있을 때는, 도로폭이 가로구역 분할 기준 미만이니 하나의 가로구역으로 간주할 수 있다. 그런데, 하나의 가로구역으로 간주했더니 면적 규정(1만㎡)을 초과하는 경우가 있다. 이때는 좁은 도로를 기부채납을 통해 기준에 맞는 도로로 확장해 별개의 가로구역으로 만드는 것도 가

능하다. 아래 그림을 통해 통과도로의 종류와 폭에 따른 경우의 수를 살펴보자.

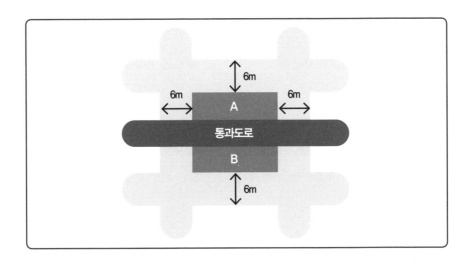

	통과도로가 일반 건축법상 도로	통과도로가 도시계획도로
4m 미만	A+B를 하나의 가로구역으로 간주 가능	A+B를 하나의 가로구역으로 간주 가능
	A와 B를 각각의 가로구역으로 보는 것도 가능 (6m에 부족한 폭만큼 도로 기부채납)	A와 B를 각각의 가로구역으로 보는 것도 가능 (4m에 부족한 폭만큼 도로 기부채납)
4m 이상 6m 미만	A와 B는 별개의 가로구역 (6m에 부족한 폭만큼 도로 기부채납)	A와 B는 별개의 가로구역 (도시계획도로는 4m 이상이면 됨. 별도의 도로확보 불필요)

Q4 통과도로도 없고 사업구역의 크기도 면적 기준을 초과한다면, 부지 중간에 6m 도로를 새로 신설하면 된다고 알고 있다. 그런데, 가로구역을 둘러싼 도로폭 요건은 충족하지만 가로구역 면적이 10,100㎡로 면적 기준을 약간 초과한다

면, 통과도로를 만드는 대신에 100.1㎡만큼의 부지를 도로로 기부채납하여 1만
㎡ 미만으로 가로구역 크기를 줄이는 것은 가능한가? ⋯⋯⋯⋯⋯⋯⋯⋯⋯⋯

▶ 불가능하다. 기존 가로구역(도로확보 전)을 기준으로 면적을 산정했을 때 1만㎡
이내여야 한다.

Q5 도로폭이 6m가 안 돼 기부채납을 통해 6m 도로를 확보하는 경우(기존 도
로가 5m 폭이라면 1m 폭만큼 기부채납), 용적률은 기부채납 면적이 제외된 대
지면적으로 산정되나? ⋯⋯⋯⋯⋯⋯⋯⋯⋯⋯⋯⋯⋯⋯⋯⋯⋯⋯⋯⋯

▶ 용적률은 기부채납 후의 면적을 기준으로 산정된다. 다만, 서울시 조례★
가 개정되어 가로주택정비사업을 통해 확보하는 도로면적에 대하여 용적률을
완화해 주는 사항이 추가★★되었다.
　이해하기 쉽게 예를 들어 살펴보자. 100평짜리 사업 대상지의 조례상 상한
용적률 200%, 국토계획법 상한 용적률 250%, 기부채납 비율 30%라고 가정해 보
자. 기부채납 비율이 30%이므로 기부채납 면적은 30평이 된다.

★　　빈집 및 소규모주택 정비에 관한 조례 제49조 제2항 제1호에 따른다.
★★　도로면적 용적률 완화 : 법 제48조 제2항 제1호에 따른 시설을 설치하는 경우(주로 도로), 사업시행구역
　　　면적(정비기반시설 설치면적을 포함한다)에 '서울특별시 도시계획조례'로 정한 해당 지역 용적률을 곱하여
　　　대지면적(정비기반시설 설치면적을 제외한다)으로 나눈 용적률로 하되, '국토의 계획 및 이용에 관한 법률' 제
　　　78조 및 관계 법령에 따른 용적률의 상한을 초과하여 적용받을 수 없다.

● 개정 전

100평에서 기부채납분 30평을 제외한 대지면적 70평에 용적률 200%를 적용하면 70평 × 200%로 140평의 연면적을 활용해 건축 계획을 세울 수 있었다.

$$\frac{(100평-30평)}{70평} \times 200\% = 200\% \longrightarrow 용적률\ 계산$$

$$70평 \times 200\% = 140평 \longrightarrow 용적률\ 산정용\ 연면적\ 계산$$

● 개정 후

반면, 개정 후에는 분자에 기부채납 전의 면적을 적용하므로 용적률 285.7%로 건축이 가능해진다. 다만, 국토계획법 상한 용적률인 250%를 넘을 수는 없으므로, 용적률 산정용 연면적은 70평×250%=175평까지 확보 가능하다.

$$\frac{100평}{70평} \times 200\% = 285.7\% \longrightarrow 용적률\ 계산$$

$$70평 \times 250\% = 175평 \longrightarrow 용적률\ 산정용\ 연면적\ 계산$$

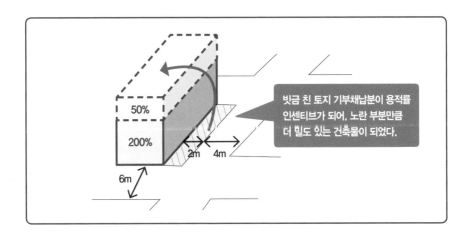

빗금 친 토지 기부채납분이 용적률 인센티브가 되어, 노란 부분만큼 더 밀도 있는 건축물이 되었다.

Q6 앞의 51쪽 **요건1** 에서 '해당 지역의 일부가 광장, 공원, 녹지, 하천, 공공공지, 공용주차장 또는 예정도로에 접한 경우에는 해당 시설을 도로로 본다'고 하였는데, 만약 4m 폭의 길이 산과 사업 대상지 사이에 있다면 어떻게 되나. 엄밀히 말하면 녹지는 4m 도로와 접했지, 사업 대상지와는 접하고 있지 않다. 이럴 경우 사업 대상지는 사업 추진을 위해 도로를 기부채납해야 하나? ……………

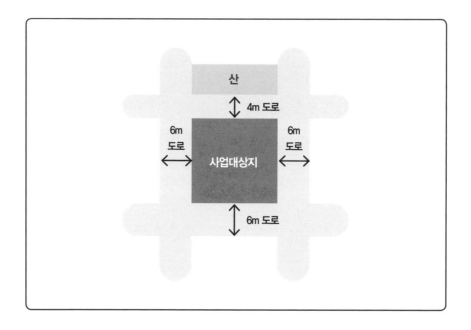

▶ 빈집 및 소규모주택 정비에 관한 조례 제49조 제2항 제1호 법 제48조 제2항 제1호에 의하면 도로(도시계획도로, 6m 이상 도로 혹은 6m 이상 예정도로) 혹은 시설(하천, 녹지, 공공공지, 공용주차장)로 '둘러싸여' 있어야 한다. 사전적 의미로는 기부채납이 필요하다고 볼 수 있지만 해석에 논란의 여지가 있을 수 있으므로 승인권자의 해석 및 인정 여부에 따라 달리 판단될 것으로 예상된다.

재건축 진행 사업장,
가로주택정비사업으로 전환하는 것이 이득일까?

가로주택정비사업은 2018년 '빈집 및 소규모주택 정비에 관한 특례법' 개정시, 정비사업 유형의 하나로 도입되었다. 그래서 그 이전에 재건축 조합이 설립된 곳들 중에는 가로주택정비사업의 요건을 갖췄음에도 기존 '도시 및 주거환경정비법'에 따른 일반 재건축을 추진 중인 곳들도 있다.

일반 재건축 방식의 조합이 가로주택정비사업으로 방향을 전환하기 위해서는 기존 조합을 해산하거나 변경하여, '가로주택정비사업 조합' 상태로 사업을 추진해야 한다. 2보 전진을 위한 1보 후퇴라고 할 수 있는데, 1보 후퇴를 선택하는 것이 여간 어려운 일이 아니다.

재건축은 '시간과의 싸움'이라는 말도 있는 만큼, 사업성이 조금 떨어지더라도 더 빠른 안을 선택하는 것도 방법이다.

광진구는 소규모 정비사업의 대상이 되는 연립주택 인근에 집중적으로 홍보 플래카드를 걸어놓았다.

5천만원이면
서울 연립주택 투자 가능!

아파트보다 매력적인 선택지, 연립주택!

동시대에 지어진 아파트가 그렇듯, 투자 측면에서 80년대 연립주택은 매우 매력적인 선택지다. 80년대 연립주택의 미덕은 '낮은 용적률'과 '큰 대지지분'이라고 할 수 있는데, 용적률은 100%를 넘기는 경우가 오히려 드물다. 대지지분은 보통 15평~20평 수준이며 어떤 곳은 30평이 넘기도 한다. ★

★ 아파트 중 용적률이 100% 미만인 곳은 이미 사라진 잠실 주공아파트(현재의 엘스, 리센츠, 트리지움 등)나 가락시영아파트(현 헬리오시티), 개포주공 1~4단지(재건축 진행 중), 상계주공 5단지 정도다. 용적률이 낮기로 유명한 워커힐 아파트(103%)나 목동신시가지 5단지(116%)도 100%를 초과한다.

신축 아파트의 대지지분은 어느 정도일까? 제3종 일반주거지역에 지어진 아파트의 대지지분은 대동소이한데, 가락동 헬리오시티 전용 84㎡ 타입(33평) 대지지분은 38.5㎡(약 12평) 수준이다. 공동주택의 전체 대지면적을 전체 세대수로 나눈 세대 평균 대지지분은 재건축 수익성을 결정짓는 주요 지표 중 하나다.

80년대 연립주택은 건물 자체의 경제적 감가상각은 대부분 끝났다고 볼 수 있다. 따라서 80년대 연립주택을 구매한다는 것은 곧 대지지분만큼의 '땅'을 사는 것으로 봐도 무방하다.

■ 서울시 연도별 개별공시지가 변동률

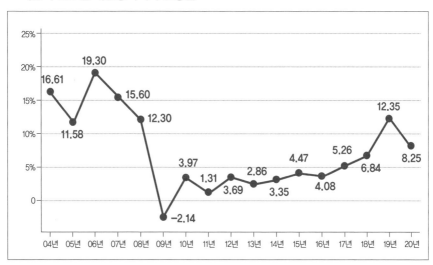

2004년 이후 서울의 개별공시지가는 2009년을 제외하곤 떨어진 적이 없다. 최근 6~7년간 1% 안팎에 그치는 물가상승률과 비교할 때, 상승폭도 몹시 가파름을 알 수 있다(한국은행이 발표한 2019년 소비자물가상승률은 0.4%). 개별공시지가 상승률이 12.35%에 달했던 2019년보다는 낮지만, 2020년의 8.25%도 매우 높은 수치다. (출처 : 서울시)

서울의 저평가 소액 투자처

아파트 가격은 천정부지로 올라버렸고, 근로 수득을 통한 내 집 마련은 녹록지가 않다.

급격히 상승한 서울 아파트 가격은 평범한 직장인은 엄두도 내기 힘들 정도로 뛰었다. 신축 아파트의 경우, 서울 외곽이라도 전용면적 84㎡(33~34평) 기준 10억원은 흔한 가격이 되어버렸고, 15~30년차 구축 아파트도 5억~6억원대 이하는 찾아보기 힘들다.

재건축 연한(서울 기준 30년)을 모두 채운 아파트는 어떨까. 서울에서 상대적으로 저렴한(저렴했던) 가격대로 알려진 '양천구 신월동 신월시영아파트', '노원구 월계동 미미삼(미성, 미륭, 삼호)'의 실거래가 추이를 보자. 자의건 타의건 많은 사람들의 투자 리스트에서 서울 지역 아파트라는 장르 자체가 날아가 버린 지 오래다.

30년이 넘은 아파트의 실거래가 그래프. 재건축이 거론되는 대표 단지들이다. 왼쪽부터 목동신시가지 11단지, 성산동 성산시영, 월계동 미·미·삼, 신월동 신월시영 아파트 순이다. (출처 : 네이버)

대지지분 15평 3억~6억원대
레버리지 활용, 실거주 여부에 따라 실투자금 DOWN!

반면, 2019~2020년 실거래가를 기준으로 대지지분 15평 정도의 서울 지역 연립주택은 대부분 3억~6억원 수준이다.

지역에 따라 저렴한 곳은 1억 후반대도 있고, 2억대는 꽤 흔하기까지 하다. 실거주와 '1가구 1주택'을 조건으로 하는 보금자리론★의 도움까지 받는다면 적게는 5천만원~6천만원의 자금으로 투자 및 거주를 시작할 수 있는 것이다.

대부분의 연립주택은 결국 아파트로 재건축될 것이다. 통상 신축 아파트의 경우, (용도지역이나 고도제한에 따라 다르겠지만) 대지 약 600~1,000평당 아파트 한 동이 시공된다고 본다. 고로, 80년대 연립주택은 단지 규모에 따라 1~5동 규모의 소규모 아파트 단지로 재건축될 확률이 높다. 호화로운 커뮤니티 시설을 갖춘 대단지 아파트는 아니지만, 투자의 효율성으로 따지면 어디에도 뒤지지 않는다.

상명삼락연립(마포구 망원동 472-1) 공사 사진. 소규모 재건축 방식을 통해 재건축 진행 중이다.

신안빌라(강서구 마곡동 237-53 일원)의 재건축 조감도. (출처 : 현대엔지니어링)

★　　**보금자리론** : 한국주택금융공사에서 운용하는 주택담보대출 중 하나다. 보금자리론을 이용하려면 주택의 면적, 소득 등의 기준을 만족해야 한다. 한국주택금융공사 홈페이지(https://www.hf.go.kr)에서 상품소개를 참고하여 알아보자.

연립의 미래는 소단지 아파트, 상승장에 함께 오른다!

대다수 연립의 미래인 나홀로·소단지 아파트는 상승장에서 소외된다는 말은 사실일까? 현진에버빌(신대방동, 135세대), 서서울삼성(아현동, 208세대), 염창역 아이파크(염창동, 136세대) 등의 매매가 추이를 보면 결코 그렇지 않다는 것을 확인할 수 있다.

(출처 : 네이버)

신대방동 현진에버빌   아현동 서서울삼성   염창동 현대아이파크

연립주택, 주택연금 플랜의 마중물

비혼이라서 또는 딩크라서, 혹은 개인적 가치관에 따라 집을 소유할 필요가 없다고 생각할 수도 있다. 다만, 노후의 재무적 안정성에 대한 염려가 큰 유형이라면 주택연금에 대해 이야기해 두고 싶다.

주택연금은 노후에 집을 담보로 맡기고 자기 집에 그대로 살면서 매달 국가가 보증하는 연금을 받는 제도다. 주택연금의 실효성에 대한 갑론을박도 많지만, 주거의 안정성을 담보하면서 생활비까지 받을 수 있는 만큼 충분히 고려할 만한 제도라고 생각한다.

주택연금 수령을 또 하나의 목표로 정한다면, 80년대 연립주택은 목표의 마중물이되어줄 가장 적합한 모델이다.

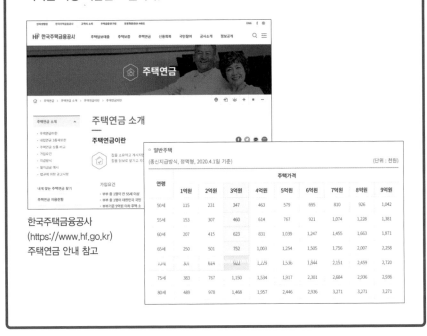

한국주택금융공사
(https://www.hf.go.kr)
주택연금 안내 참고

▶ 일반주택
(종신지급방식, 정액형, 2020.4.1일 기준)   (단위 : 천원)

연령	주택가격								
	1억원	2억원	3억원	4억원	5억원	6억원	7억원	8억원	9억원
50세	115	231	347	463	579	695	810	926	1,042
55세	153	307	460	614	767	921	1,074	1,228	1,381
60세	207	415	623	831	1,039	1,247	1,455	1,663	1,871
65세	250	501	752	1,003	1,254	1,505	1,756	2,007	2,258
70세	307	614	922	1,229	1,536	1,844	2,151	2,459	2,720
75세	383	767	1,150	1,534	1,917	2,301	2,684	2,936	2,936
80세	489	978	1,468	1,957	2,446	2,936	3,271	3,271	3,271

그래도 아파트가 낫다는 당신에게
(feat. 남서울럭키아파트 vs 현대빌라)

08

재건축 아파트 vs 재건축 연립주택
저평가 단지는 어디?

'그래도 아파트가 낫지 않을까? 빌라나 연립은 일단 거르라고 하던데…'

매우 많은 사람들이 이런 생각을 한다. 정말 연립주택은 아파트에 비해 투자 가치가 떨어질까? 재건축 연한을 채운 아파트와 연립주택을 비교해 봄으로써 연립주택이 상대적으로 저평가되어 있다는 사실을 확인해 보고자 한다.

외부 변수를 최소화하기 위해 설정한 조건이 있다. 첫째로 두 단지(아파트와 연립주택)가 근거리에 위치하여 지역적 요인에 따른 차별이 크지 않아야 했다. 두 번째로 대한민국에서 아파트라는 주거유형에 대한 선호가 매우 강한 만큼, 두 곳 모두 신축 아파트로 재건축될 확률이 높아야 했다.

　이러한 조건을 만족하는 금천구 시흥동의 남서울럭키아파트와 현대빌라를
비교해 볼 참이다. 두 곳은 최단거리 기준으로 약 850m 떨어져 있다.

■ 아파트 vs 연립주택

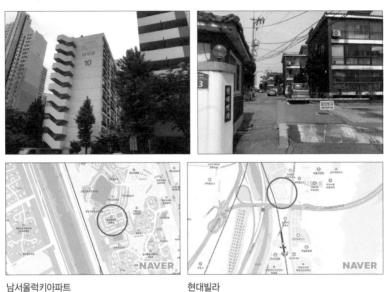

남서울럭키아파트　　　　　　　　　현대빌라

■ 남서울럭키아파트와 현대빌라 비교

명칭	남서울럭키아파트	현대빌라
주소	금천구 시흥동 1002-1/1002-2	금천구 시흥동 982
준공년도	1981년	1989년
세대수	986세대 + 상가	330세대
면적(평)	약 15,712평 재건축 이후 10여 동 규모 대형 단지 예상	약 4,834평 재건축 이후 4~6동 규모 중형 단지 예상
지목	대	대
용도지역	준공업지역	준공업지역
토지이용계획 국토계획법	도시지역, 준공업지역	도시지역, 준공업지역
2020년 평당 개별공시지가	10,720,661원/평	10,066,116원/평
토지이용계획 기타법	대공방어협조구역, (한강)폐기물매립 시설설치제한지역, 장애물제한표면 구역, 가축사육제한구역, 과밀억제권 역, 가로구역별최고높이제한지역 +교육환경보호구역	대공방어협조구역, (한강)폐기물매립 시설설치제한지역, 장애물제한표면 구역, 가축사육제한구역, 과밀억제권 역, 가로구역별최고높이제한지역
용적률	약 123%	약 89%
지하철역 (현재)	1호선 금천구청역에서 1km 이상 떨 어져 역세권 아님	1호선 석수역 1번 출구 도보 550m
지하철역 (향후)	신안산선 시흥사거리역 승강장 기준 510m로 역세권이 될 예정	석수역이 신안산선 급행 정차역이자 1호선과의 환승역이 될 예정 (급행 기준 여의도역 20분 이내)
도로교통	보통	서해안고속도로, 강남순환고속도로 접근이 매우 용이함

명칭	남서울럭키아파트	현대빌라
주변환경	초·중·고교가 단지와 모두 접하고 있어 교육환경 우수하며, 이는 향후 조망권이나 일조권 측면에서도 유리하게 작용할 전망임. 신축인 남서울힐스테이트와 경계를 같이하며, 마트(홈플러스)를 비롯한 다양한 업종의 상권이 잘 발달됨.	남서울럭키아파트 대비 열악함. 주변에 상가가 매우 부족하며, 대로와 철로에 둘러싸여 소음 발생.
가장 비중이 높은 타입	74㎡(분양면적)	60㎡(분양면적)
해당 타입의 대지지분	51.27㎡(15.5평)	50.96㎡(15.4평)
해당 타입의 실거래가 (2020년 2월)	5억 5,167만원 (대지지분 평당 약 3,559만원)	3억 2,000만원 (대지지분 평당 약 2,078만원)
해당 타입의 전세가 (2020년 2월)	2억 (실거래가 − 전세가 = 약 3.5억)	1.1억 (실거래가 − 전세가 = 약 2.1억)

현대빌라 대지지분이 남서울럭키아파트의 58% 수준으로 저평가!

각 항목별로 우세한 항목에 표시를 해두었다. 여기서 가장 중요하게 볼 대목은 대지지분당 평단가다. 결론부터 말하면 현대빌라가 눈에 띄게 저평가되었다. 아무리 남서울럭키아파트의 현재 주변 환경이 더 우수하고 단지 규모가 크다고 해도 현대빌라의 대지지분 평단가가 남서울럭키아파트의 58%에 그칠 일인지 의문이 든다. 더불어 신안산선 석수역(급행)이 생기면 현대빌라이 가장 큰 약점으로 꼽히는 빈약한 상권 역시 빠른 속도로 자리를 잡아갈 것이다.

연립주택의 최장점은 상대적으로 빠른 재건축 과정!

80년대 연립주택은 보통 50세대 안팎의 규모이며, 꽤 큰 단지라도 300세대를 넘는 경우가 드물다. 규모가 작은 것은 약점이지만 의사결정 속도 측면에서는 강점이 될 수 있다.

최근 시공사를 선정한 광진구 한양연립(구의동 592-39 일대)의 향후 추진 일정(계획)을 살펴보면, 2021년 1월에 사업시행인가와 관리처분인가를 동시에 받고, 2월에 이주 및 철거를 시작해 2022년 8월에 착공 및 분양, 2023년 9월에 준공할 예정이다. 말 그대로 초스피드 계획이라 할 수 있다.

계획은 누군들 못 잡냐고? 그럼 최근 준공인가를 받은 사업장을 살펴보자. 강서구 삼안연립(등촌동 643-56 일원)의 경우 2017년 3월에 조합이 설립되고, 같은 해 8월에 사업시행인가를 득했다. 2018년 2월에 관리처분인가를 받고 2018년 5월에 착공에 들어가 2020년 5월에 준공인가를 받았다. 조합설립부터 준공인가까지 3년 남짓 걸렸으니 일반 아파트 재건축과 비교하면 놀라우리만치 빠른 속도다.

삼안연립은 '신동아 파밀리에 더클래식'으로 준공되었다.

강서구 등촌동 삼안연립(등촌동 643-56)
가로주택정비사업 재건축 현장(2020년 4월 촬영)

광진구 구의동 한양연립 가로주택정비사업
(출처 : 현대산업개발)

tip

준공업지역 vs 제3종 일반주거지역, 투자 매력도는?

두 용도지역 중에 어떤 지역이 더 좋을까?

선뜻 답을 내리기 어렵다. 준공업지역은 공업지역 가운데 주거, 상업 및 업무 기능을 보완할 수 있는 지역이다. 반면, 제3종 일반주거지역은 중·고층 위주의 편리한 주거환경을 도모하기 위한 지역으로 아파트 단지가 들어서는 가장 일반적인 지역으로 이해할 수 있다.

두 지역에 주거용 건물을 짓는 경우 적용되는 용적률(서울시 조례 기준)은 250%로 동일하다. 다만, 제3종 일반주거지역은 일조권*이 법적으로 보장되는 반면, 준공업지역은 그렇지 않다. 따라서 단순한 거주 쾌적성 측면에서는 제3종 일반주거지역이 좀 더 낫다고 볼 수 있다.

오른쪽 주거용 건물의 주실(베란다)이 왼쪽 신축건물에 의해 완전히 가려졌다. 준공업지역은 일반주거지역에 비해 일조사선에 따른 건축제한이 느슨하다.

준공업지역에 지어진 건축물

★   동지를 기준으로 9시에서 15시 사이 연속 2시간 이상 일조가 확보되어야 한다.

그런데 투자 관점에서는 답변이 조금 달라질 수 있다. 최근 서울 지역의 주택공급 활성화를 위해 준공업지역에 오피스텔처럼 주거시장 안정화에 도움이 되는 건축물을 지을 경우 조례상의 최고 용적률(400%)을 적용할 수 있도록 제도를 완화하려는 움직임이 있기 때문이다.

그럼에도 재건축 후 일조량이 불량할 것에 대한 불안감이 있을 수 있는데, 그럴 때는 북쪽을 제외한 방향이 강이나 하천, 산, 공원, 철로, 도로, 학교, 관공서 등과 접한 연립주택으로 범위를 축소해도 좋다. 향후에도 채광이나 조망을 방해할 확률이 낮기 때문이다. 앞으로 살펴볼 〈실천마당〉에 소개된 준공업지역 연립주택에는 이러한 내용을 별도로 코멘트해 두었다.

성수동1가(준공업지역) 장안타운연립은 동쪽에 경수초등학교 운동장이 있어, 동향 채광 확보에 유리하다.

어떤 연립주택을 선택할까?
(feat. 연립주택 채점표)

09

투자 전 나만의 채점표 만들기

실거주나 투자를 결정했다 해도, 어떤 연립주택을 선택할지 선뜻 감이 잡히지 않을 수 있다. 그럴 때는 후보군을 추린 후 '나만의 채점표'를 만들어보자. 후보군은 2개가 될 수도 있고 4~5개 이상이 될 수도 있다. 아래 표는 하나의 예시로, 평가항목이나 반영 상수 등은 개인에 따라 얼마든지 바뀔 수 있다. '이런 것도 평가항목이 될 수 있겠구나' 확인하는 정도로 참고하자.

실거주보다 투자에 방점을 찍는다면, '개인적 편의나 취향'과 관련된 지표를 덜어내고 교통, 한강, 교육환경, 용도지역, 대지지분 등에 조금 더 기신점을 주는 방식으로 활용하면 된다.

■ 연립주택 채점표(예시)

평가항목	반영 상수	후보1	점수	후보2	점수
용도지역	제2종 일반주거지역 +1,000 제3종 일반주거지역 +2,000 준공업지역 +2,500 준주거지역 +3,500 상업지역 +4,000	준주거 지역	3,500	제3종 일반 주거지역	2,000
현재 용적률	(110%−현재%)×100	93%	1,700	85%	2,500
단지 규모	단지평수×1	530평	530	2,200평	2,200
대지지분	지분평수×100	14.7평	1,470	18평	1,800
지하철역 출구까지 도보 소요시간	(15분−소요시간)×100	3분	1,200	9분	600
직장까지 지하철 소요시간	(60분−소요시간)×50	6분	2,700	35분	1,250
강남역 · 여의도 · 서울역까지 지하철 소요시간의 합	(150분−소요시간의 합)×50	66분	4,200	91분	2,950
환승역 여부	환승역 +1,000 트리플 이상 +2,000	해당 없음	0	환승역	1,000
급행역 여부	+500	급행역	500	해당 없음	0
향후 신설역	+500	해당 없음	0	해당 없음	0
특정 노선 가산점	2 · 7 · 9호선 · 공항철도 +1,000	9호선	1,000	해당 없음	0
재건축 진행단계	조합 분쟁 −1,000 단계별 +500~1500	조합 분쟁	−1,000	해당 없음	0

평가항목	반영 상수	후보1	점수	후보2	점수
옆 연립/건물과의 통합 재건축 가능성	+500	해당 없음	0	해당 없음	0
평균 전세가	/100,000	1억	1,000	2억	2,000
주머니형 입지★	−2,000	해당 없음	0	해당 없음	0
접도조건 불량★★	−2,000	해당 없음	0	해당 없음	0
언덕	−1,000	해당 없음	0	언덕	−1,000
백화점 · 마트 · 극장 · 스타벅스 · 맥도날드	+500~2,000	스타벅스, 맥도날드	1,000	마트,극장	1,500
초등학교 도보 5분 이내	+1,000	해당 없음	0	도보권	1,000
중학교 도보 10분 이내	+500	해당 없음	0	도보권	500
고등학교 도보 10분 이내	+500	해당 없음	0	해당 없음	0
점수 합계			17,800		18,300

채점 기준은 개인의 필요 정도나 가치기준에 따라 달라진다. 각자의 사정에 맞게 작성해 보자.

★ 술병·복주머니 모양의 토지로 부지와 도로가 접한 폭이 좁아, 재건축 이후 차량 진출입로 확보에 어려움이 있다.

★★ 일방통행로와 접하거나 접한 도로의 도로폭이 매우 좁은 경우를 말한다.

복수의 후보군을 비교한 후 선택하라

연립주택은 수천 세대 규모의 대단지 아파트가 아니다. 세대수가 적은 만큼 매물도 적고 거래도 드물다. 그러므로 가장 맘에 드는 '딱 한 곳'의 연립주택을 타깃으로 정하기보다는 최소 5~10개 정도의 선호 그룹을 만들어 후보 매물의 풀(pool)을 확장시켜야 한다. 선호 매물을 찍어두었다면, 네이버나 다음의 부동산 매물을 수시로 체크해 보자. 매매, 빌라로 카테고리를 제한해 브라우저에 즐겨찾기 해두면 보다 편리하다.

(출처 : 네이버)

구로구 오류동 삼성주택　　　성동구 마장동 흥일명성　　　마포구 망원동 동산맨션

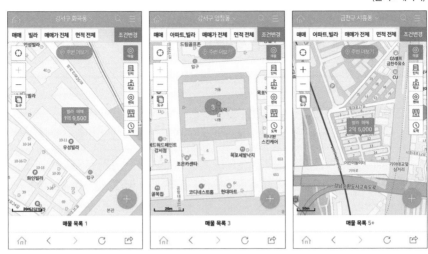

| 강서구 화곡동 우성빌라 | 강서구 염창동 덕수연립 | 금천구 시흥동 현대연립 |

　　연립주택 투자의 어려움은 내가 원하는 시점에 원하는 매물이 없다는 것이다. 하지만 가격이 문제일 뿐 결국 매물은 등장한다. 후보 풀을 확장할수록 기다림은 짧아질 것이다.

연립주택 매수자를 위한 알짜팁

연립주택 옆 부동산에 연락처를 남기자

포털에 올라오는 매물 정보는 전체 매물의 극히 일부에 불과하다. 포털에 매물 등록을 아예 하지 않는 부동산이 훨씬 더 많고, 등록하는 곳들도 대중적 선호에 따라 연립주택보다는 아파트에 쏠려 있다. 고로 원하는 연립주택을 찍었다면 현장에 방문해 매물과 가까운 부동산중개사무소 2~3곳 정도를 직접 들러보자. 당장 매물이 없다면 본인이 해당 연립주택에 관심이 있다는 사실과 적정 가격에 매물이 나오면 바로 계약할 수 있는 상태임을 어필하고 연락처를 남기고 오는 것도 좋겠다.

이불 터는 아주머니께 한 번, 경비 아저씨께 한 번!

100곳이 넘는 연립주택 사진을 찍으러 다니다 보니, 주민분이나 경비 아저씨와 간단한 대화를 하게 될 때가 있다. 어쩐 일로 왔냐는 물음에 '연립주택이 맘에 들어서요, 대지지분도 커 보이고~'라고 답하면 '302호 집 판다고 들은 것 같은데, 관심 있음 소개시켜 줘?'와 같은 꿀답이 돌아올 때도 있다. 오래 거주하는 주민 비율이 높다 보니, 이웃간 소식이 빠르다. 질문에 돈 드는 것 아니니 시도해 볼 만하다.

매물은 직접 보고 중대 하자는 체크하자!

나의 경우 연립주택을 매수하기 전에 두 채의 매물을 볼 수 있었다. 처음 본 집은 꼭대기층(3층)이었는데 화장실에 세면대가 없었고, 고동색 나무 천장이 오랜 세월에 힘이 부쳤는지 아래로 내려앉아 있었다. 결정적으로 중개인이 장마철에 빗물이 한두 방울씩 새는 것을 감안하라고 했는데, 세면대야 새로 달면 그만이지만 비가 새는 것은 꽤나 큰 문제라고 생각했다.

며칠 고민하던 중에 두 번째 집(2층)을 볼 수 있었는데, 2년 전에 상당 부분을 수리한 집이었다. 세면대가 없는 집을 보고 나서 이 집을 보니 세상에 이보다 좋은 집은 없다고 느껴졌다. 두 번째 집이 5백만원 더 비쌌는데 잠깐의 고민도 없이 두 번째 집으로 선택했다.

비가 새서 판넬 보수를 한 집이 눈에 띈다.

두 번째 집, D연립의 옥상

40년 가까이 나이를 먹은 연립주택은 상상 이상의 중대한 하자가 있을 수 있다. 그런데 이 하자보증의 범위를 명확히 정의하기 어려울뿐더러, 보통은 거래 시점의 상태를 인지하고 매매하는 것으로 간주하는 경우가 많다. 인테리어로 해결할 수 있는 수준을 벗어난 하자라면 추가적 가격 조정을 요청해 볼 여지가 있다.

지하실 쓰레기는 비워달라고 요청하자
한 가지 더 덧붙이자면, 지하실을 반드시 체크해야 한다. 일반 독자들은 상상하기 힘들겠지만, 오래된 연립주택은 지하실이 쓰레기 저장소로 둔갑해 있는 경우가 많다. 매매시 반드시 지하실을 완전히 비워달라고 하자

연립주택 정보 찾고
가치 측정하는 법

1. '일사편리'에서 대지면적, 용도지역, 연면적 등 파악하기

'일사편리 서울 부동산정보조회 시스템'(http://kras.seoul.go.kr)에서 서울 연립주택의 포괄적인 정보를 확인할 수 있다. 주소를 검색하면 기본정보, 토지정보, 건축물정보, 토지이용계획, 개별공시지가 등의 정보를 볼 수 있다. 수집한 데이터를 93쪽 표처럼 정리해 놓으면 여러 가지 요소를 한눈에 파악할 수 있어 좋다. 이 책에 수록된 연립주택 100곳에 대한 주요 정보(❶~❾) 역시 93쪽 양식을 통해 소개한다.

기본정보 탭에서는 지목, 면적, 주용도, 토지이용계획 등 전체적인 정보를 파악할 수 있다.

토지정보 탭에서는 ❷대지면적을, **건축물정보** 탭에서는 ❶세대수, ❸용도지역, 연면적 등을 알 수 있다. 이를 바탕으로 ❹용적률 산정용 연면적, ❺추정 용적률, ❻세대 평균 대지지분을 계산한다.

용적률 산정용 연면적은 지하층을 제외한 지상층의 연면적만을 이용해 구한다. 다만, 지하층에 지하실이 아닌 대지지분을 갖는 세대가 있을 경우에는 이를 감안해야 한다(자세한 내용은 95쪽 참고).

추정 용적률은 용적률 산정용 연면적을 대지면적으로 나누고 100을 곱한다(❹÷❷×100).

세대 평균 대지지분은 대지면적을 세대수로 나눈다(❷÷❶).

개별공시지가 탭에서는 2020년에 발표된 개별공시지가를 확인한다. 독자의 이해를 돕기 위해 제곱미터(㎡)를 평으로 전환해 ❼ 2020년 평당 개별공시지가를 작성했다. 이를 토대로 ❽ 세대 평균 대지가액, ❾ 추정 대지가액을 계산한다.

　2020년 평당 개별공시지가는 개별공시지가(㎡)에 3.305785를 곱해 구한다.
　세대 평균 대지가액은 세대 평균 대지지분과 2020년 평당 개별공시지가를 곱한다(❻×❼).
　추정 대지가액은 공시지가를 역산해서 계산한다. 공시지가가 시세의 60% 수준이라는 가정하에 ❽ 세대 평균 대지가액에 100/60을 곱해 추정값을 구한다.

> 개별공시지가(㎡)에 3.305785를 곱하면
> ❼ 2020년 평당 개별공시지가

기본정보	토지정보	건축물정보	토지이용계획	개별공시지가

	신청대상 토지			확인내용		
가격기준년도	토지소재지	지번	개별공시지가	기준일자	공시일자	비고
2020	서울특별시 동대문구 장안동		3,239,000원	01월 01일	2020/05/29	
2019	서울특별시 동대문구 장안동		3,038,000원	01월 01일	2019/05/31	
2018	서울특별시 동대문구 장안동		2,878,000원	01월 01일	2018/05/31	
2017	서울특별시 동대문구 장안동		2,672,000원	01월 01일	2017/05/31	
2016	서울특별시 동대문구 장안동		2,508,000원	01월 01일	2016/05/31	

XX연립

같은 이름을 가진 주택이 많으므로 지번 확인은 필수
지하철역 출구와의 최단거리도 체크

	계산식	설명(예시)
준공년도		1985년
❶ 세대수		50세대
❷ 대지면적	1평 = 3.305785㎡	1,000평
❸ 용도지역		제2종 일반주거지역
❹ 용적률 산정용 연면적	지하층 연면적은 제외하고, 지상층 연면적만 합한다.	900평
❺ 추정 용적률	용적률 산정용 연면적 ÷ 대지면적 × 100 = ❹÷❷×100	900평÷1,000평×100 = 90%
❻ 세대 평균 대지지분	대지면적 ÷ 세대수 = ❷÷❶	1,000평÷50세대 = 20평
❼ 2020년 평당 개별공시지가	2020년 개별공시지가(㎡) × 3.305785	10,000,000원
❽ 세대 평균 대지가액	세대 평균 대지지분 × 2020년 평당 개별공시지가 = ❻×❼	20평×10,000,000원 = 200,000,000원
❾ 추정 대지가액	공시지가는 시가의 60%라는 가정하에 값을 추정한다. 세대 평균 대지가액 × 100÷60 = ❽×100÷60	200,000,000원×100÷60 = 333,333,333원

〈실천마당〉의 연립주택 정보도 이 표의 형식을 따른다. 각 항목의 계산식은 참고 삼아 알아두자.

2. '디스코' 앱에서 매물, 실거래가 등 파악하기

부동산 앱을 활용하는 것도 방법이다. 모바일 지원이 되기 때문에 보다 쉽고 빠르게 확인할 수 있다. 필자가 자주 쓰는 앱은 '디스코'다. 연립주택의 기본정보는 물론 실거래가, 매물, 경매, 토지, 건물, 등기(현재는 서비스 중지) 정보까지 알 수 있다.

토지 탭을 클릭하면 대지면적, 지목, 용도지역을 확인할 수 있으며, 국토계획법 등에 따른 토지이용계획도 조회 가능하다. 일사편리에서 계산했던 2020년 평당 개별공시지가는 계산할 필요 없이 바로 확인 가능하고, 연도별 개별공시지가 추이도 그래프로 볼 수 있다. 국토교통부에 신고된 실거래 자료를 끌어오는데, 실시간 반영되는 것이 아니므로 최신 거래기록을 확인하고 싶다면 국토교통부 실거래가 공개시스템(http://rt.molit.go.kr/)을 함께 이용하면 된다.

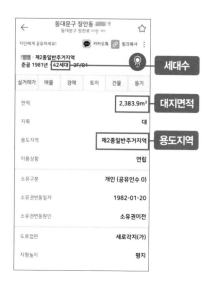

(출처 : 디스코)

용적률 산정용 연면적은 지하층이 대지지분이 있는 세대인지 아닌지 살펴봐야 한다. 대지지분이 있는 세대라면 용적률 산정용 연면적이 아닌 전체 연면적을 이용해 실질적인 용적률을 판단하는 것이 합리적일 것이다. 즉, 세대당 대지지분을 구할 때는 지하 세대까지 고려해야 한다는 것이다.

디스코 앱에서 지하층 세대 여부를 확인하는 방법이 있다. '건물' 탭 클릭→ 스크롤을 내려 '전유부/대지권' 항목으로 이동 → '지상N층'을 클릭한다. 지하층에 대지권을 가진 세대가 있을 경우, 대지권 표시에 '지하 1층'이 함께 나온다. 만약, 정보가 없는데도 사람이 살고 있다면 불법 개조일 수 있다.

지하층이 세대별 지하실로 쓰이는 연립주택 중에는 연면적은 있는데, 용적률 산정용 연면적이 표시되지 않은 경우도 많다. 이럴 때는 지상 3층 연립주택은 연면적에 3/4을 곱하고, 지상 2층 연립주택은 연면적에 2/3를 곱하면, 대략적인 용적률 산정용 연면적을 추정할 수 있다.

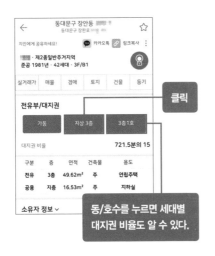

동/호수를 누르면 세대별 대지권 비율도 알 수 있다.

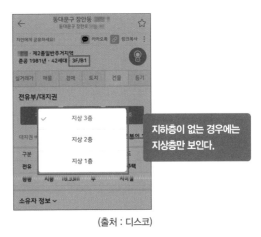

지하층이 없는 경우에는 지상층만 보인다.

(출처 : 디스코)

11 연립주택 투자 전 주의사항

모든 부동산 투자에 공통적으로 적용되는 내용이지만, 작은 디테일을 간과하여 손실이 발생하는 경우가 의외로 잦다. 연립주택 투자를 마음먹었다면 아래의 사항들을 유념해야 한다.

1 | 발품은 필수!

코멘트는 필자의 주관적인 의견일 뿐이다. 이 책에 기술된 정보를 바탕으로 연립주택에 관심이 생긴 독자는 직접 현장에 방문하는 임장활동★을 해보길 권

★ **임장활동(臨場活動)** : 현장에 임한다는 뜻이다. 지역성과 부동성을 가진 부동산의 특성상, 의사결정을 위해서는 현장에서 직접 확인하는 절차가 필요하다. 사이버 임장은 인터넷으로만 매물을 둘러보는 행위를 말한다.

한다. 포털사이트에서 제공하는 지도의 로드뷰*나 위성뷰로 살펴보는 것과 직접 지하철이나 버스를 타고 역 출구나 정거장에서부터 연립주택까지 걸어가 보는 것은 큰 차이가 있다. 동네 분위기는 어떤지, 언덕의 경사가 급하지는 않은지, 주변 상점이 내 취향과 잘 맞는지도 알아보자.

2 | 주택명보다 주소 확인!

이름이 같은 연립이 많다. 예를 들어 〈실천마당〉에 소개된 연립주택 100곳 중 '동부'라는 명칭이 들어간 연립은 5개, '현대'라는 명칭이 들어간 연립은 6개에 이른다. 주소를 반드시 함께 확인하자.

3 | 청약자격 박탈 가능성을 감안할 것!

연립주택을 매수하면 유주택자가 되는 만큼, 아파트 청약을 고려하는 독자는 그에 따른 기회비용을 고려해야 한다.

4 | 재건축이 진행되고 있는 경우 조합원 지위의 양도에 유념할 것!

이미 조합이 설립되었거나 사업시행인가를 받은 매물을 매매하는 경우가 있을 것이다. **가로주택정비사업은 조합원 지위 양도에 대한 별도의 규정이 없어 자유로운 매매가 가능**하지만, 소규모 재건축은 일반 재건축과 마찬가지로 조합원 지위 양도에 대한 제한 규정이 있으므로, 조합원 지위의 양도 여부를 유념해야 한다(자세한 내용은 134쪽 참고).

★   로드뷰는 하루이틀 전에 촬영된 이미지가 아니다. 길게는 1~3년 전에 촬영된 것이니, 방문 전 사전 참고 자료 정도로만 활용하자.

■ **투기과열지구 사업별 규제 현황**

	가로주택정비사업	(소규모)재건축	재개발
조합원 지위 양도	가능	조합설립인가 이후부터 제한	관리처분인가 이후부터 제한
입주권 전매	가능	제한	제한
초과이익환수	해당 없음	해당	해당 없음

5 │ 지적공부(地籍公簿) 필수 확인!

이 책에서 제공하는 연립주택 100곳의 데이터는 자료 수집 과정 등에 오차가 있을 수 있으므로, 관련 정보는 참고 자료로만 활용해야 한다. 점찍은 매물이 있을 때는 건축물대장, 토지대장 등의 지적공부를 통해 정확한 정보를 개별적으로 꼭 확인해야 한다.

진행 중인 재개발·재건축 사업이 있는지 확인해 보자

연립주택을 매수하기 전, 재개발이나 재건축 추진 여부를 확인해 보자. '재개발·재건축 클린업시스템'(cleanup.seoul.go.kr)은 정비사업의 추진과정을 투명하게 공개하기 위해 서울시에서 구축한 홈페이지다.

재개발·재건축 클린업시스템은 서울시에서 운영하는 '통합 홈페이지'와 정비사업을 추진하고 있는 추진위원회/조합에서 운영하는 '추진위원회/조합 홈페이지'로 구성된다.

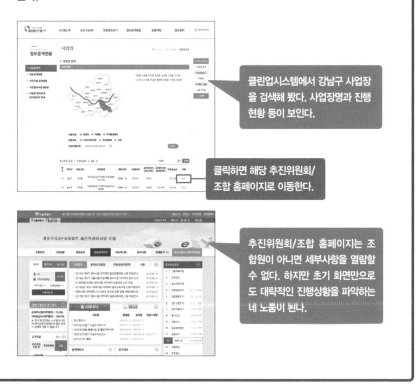

클린업시스템에서 강남구 사업장을 검색해 봤다. 사업장명과 진행현황 등이 보인다.

클릭하면 해당 추진위원회/조합 홈페이지로 이동한다.

추진위원회/조합 홈페이지는 조합원이 아니면 세부사항을 열람할 수 없다. 하지만 초기 화면만으로도 대략적인 진행상황을 파악하는 데 도움이 된다.

12 서울 연립주택 100 선정 기준

뒤에 나올 〈실천마당〉에서는 필자가 직접 손품과 발품을 들여 조사한 서울의 연립주택 100곳을 소개한다. 이에 앞서 선정 기준을 살펴봄으로써, (이 책에 언급되지 않은 곳을 포함해) 무수한 연립주택에 대해 스스로 옥석을 가리는 능력을 갖추기를 바란다. 더불어, 하루가 멀다 하고 새로운 부동산 정책이 쏟아지는 만큼 변화하는 규제나 혜택에도 항상 관심을 기울이길 당부드린다.

기준 1 | 제2·3종 일반주거지역, 준주거지역, 준공업지역 위주로 선정한다

제1종 일반주거지역에도 매력적인 연립주택이 많지만, 우선적으로는 가용 용적률이 더 많이 남아 있는 제2·3종 일반주거지역, 준주거지역, 준공업지역의 연립주택 위주로 선정하였다.

기준 2 | 역세권 위주로 선정한다

지하철역 승강장 중앙 지점부터 반경 250m 이내를 1차 역세권★이라고 정의하는데, 일상에서는 출구에서부터 300m 이내인 경우를 '초역세권'으로 표현하곤 한다. 해당하는 연립주택에는 별도 표시를 해두었다.

기준 3 | 재개발구역 포함 등 호재에 따른 가격 반영이 큰 곳은 제외한다

재개발 등 도시정비구역에 포함된 상태로 거래는 가능하지만, 기대감에 따른 가격 반영이 큰 지역의 연립주택은 가급적 제외하였다.

(예 : 자양재정비촉진지구 5구역, 양평 12구역, 성수전략정비구역 1~4지구, 북가좌 6구역 등)

기준 4 | 실거래가 10억원이 넘는 곳은 제외한다

실거래가 10억원이 넘는 연립주택은 제외하였다.

(예 : 강남구, 서초구, 송파구, 강동구, 용산구, 광진구 등에 주로 분포, 대지지분 매우 큰 곳)

기준 5 | 미개통 지하철 노선은 코멘트로 남긴다

지하철역으로부터의 거리는 이미 운행 중인 노선만 반영하였다. 이미 착공했거나(신림선, 신안산선, GTX A 등) 계획 상태(서부광역철도, 목동선, 면목선 등)인 노선의 경우, 개인의 판단에 따른 반영 가산점을 주어도 좋겠다. 도시철도 계획은 취소나

★　　**역세권** : 서울시 '역세권 장기전세주택 건립 관련 지구단위계획 수립 및 운영 기준'에서는 역세권 범위를 다음과 같이 설정한다. 1차 역세권은 역 승강장 중심에서 반경 250m 이내, 2차 역세권은 역 승강장 중심 반경 250m에서 500m 이내의 범위로 한다. 2020년 5월 6일 주택 공급대책의 일환으로 역세권 민간주택 사업을 활성화하기 위해 역세권의 기준을 기존 250m에서 350m로 일시 확대하였다(~2022년).

변경, 연기 등이 있을 수 있으므로 신중한 판단이 필요하다. [★]

기준 6 | '평균 대지지분'을 적용하고, 10평 미만이면 제외한다

연립주택의 세대별 대지지분은 전부 같을 수도, 다를 수도 있는데 어떤 면적의 매물이 등장할지 모르기에 '세대 평균 대지지분'으로 분석하였다. 용적률이 낮더라도 세대수가 많아 세대 평균 대지지분이 10평 미만인 곳은 가급적 제외하였다.

기준 7 | 공시지가 활용해서 시장가를 역산한다

세대 평균 대지지분과 개별공시지가(2020년), 시세 대비 공시지가율(60% 가정)을 이용해 해당 연립주택의 시가를 역산하였다. 절대적인 수치는 아니지만 추정된 시가를 최근 실거래가와 비교해 보는 것도 유의미할 것이다.

기준 8 | 통합 개발은 바로 옆에 있는 경우만 적용한다

종상향^{★★}이나 주변 주택 및 상가와의 통합 개발은 희망 고문에 가깝다. 그래서 가급적 배제하고 분석하였다. 다만, 바로 옆에 노후도와 대지지분 차이가 크지 않은 연립주택이 있는 경우엔 통합 개발의 가능성을 염두에 두었다.

★   검색창에 '미래철도DB'를 검색해 보자. 철도 계획에 대한 방대한 정보를 마주할 수 있다.

★★   **종상향** : 예를 들면 일반주거지역 1종을 2종으로, 2종을 3종으로 상향하는 것을 의미한다. 층수와 용적
률이 올라가 수익성이 좋아진다.

기준 9 | 2020년 상반기 현장답사를 기준으로 삼는다

재건축과 관련하여 아무런 동정이 없는 곳도 있고, 추진위원회나 조합이 설립된 곳도 있다. 조합이 설립된 지 3년이 넘도록 사업시행인가를 받지 못한 곳도 있으며, 가로주택정비사업 방식으로 진행하기 위해 기존 조합의 해산을 추진하는 곳도 있다.

더불어 마지막 현장답사 시점(2020년 1~5월)과 독자의 방문 시점은 상황이 다를 수 있음에 유의해야 한다. 그리고 재건축이 추진 중인 연립주택에 대한 관심이 실제 거래로 이어질 경우에는 조합원 지위가 승계되는지 여부를 반드시 확인해야 한다.

실천
마당
①

서울
서북권

종로
은평
서대문
마포

- 부동산 정책에 따라 시시각각 조건이 달라질 수 있으므로, 투자 전 꼼꼼한 검토가 필요하다.
- 연립주택은 매물이 적어 매매가, 호가의 변동폭이 큰 편이므로 인근 부동산중개사무소를 방문해 정확한 정보를 알아보자.
- 가로주택정비사업은 수도권 주택공급의 한 축으로 다양한 제도적 혜택을 받고 있다.
- 가로주택정비사업 시행 가능 여부는 다양한 요건과 상황, 승인권자의 해석에 따라 달리 판단될 수 있으므로 관할 구청 주택과나 SH공사를 통한 개별적 확인이 필요하다.

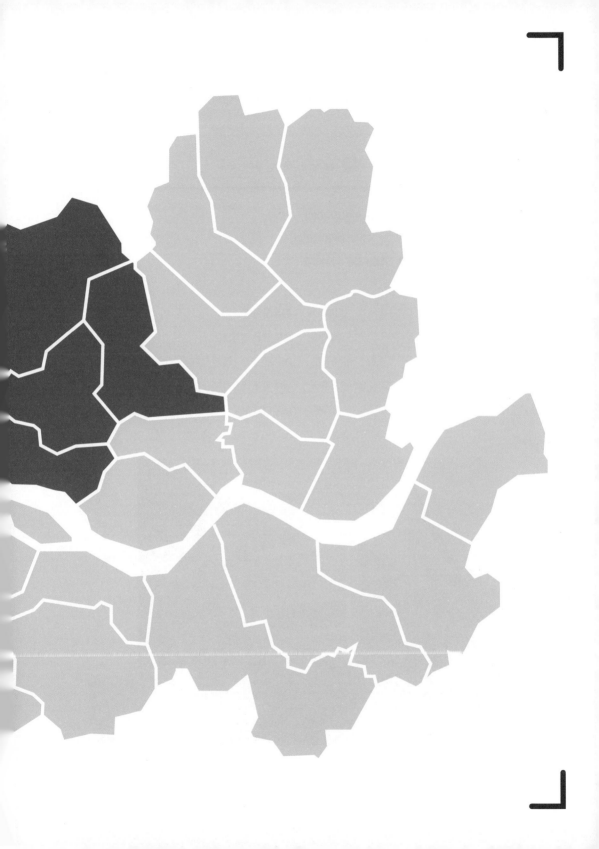

스카이빌라

 종로구 동숭동 189-10   4호선 혜화역 2번 출구 500m

▶ 종로구에서 찾기 힘든 80년대 연립주택이다.

▶ 혜화역 인근으로 마로니에 공원이 매우 가깝다.

▶ 폭이 좁은 오르막길과 접하는 것은 약점이다.

준공년도	1980년	추정 용적률	74.9%
세대수	20세대	세대 평균 대지지분	25.30평
대지면적	1,672.7㎡(506평)	2020년 평당 개별공시지가	12,985,123원
용도지역	제2종 일반주거지역	세대 평균 대지가액	328,523,612원
용적률 산정용 연면적	379평	추정 대지가액	547,539,353원

종로에서 희귀한 80년대 연립 주택이다. 용적률 74.9%, 세대 평균 대지지분 25.3평이다.

삼익빌라

 은평구 불광동 19-3   6호선 독바위역 1번 출구 150m

▶ 세대 평균 대지지분이 조사대상 중 TOP 1이다.

▶ 조경, 주차장 등의 관리 상태가 우수하다.

▶ 초역세권이지만 독바위역이 6호선 순환 루프 내에 있는 것은 약점이다.

준공년도	1986년	추정 용적률	84.2%
세대수	57세대	세대 평균 대지지분	33.64평
대지면적	6,339㎡(1,917.5평)	2020년 평당 개별공시지가	13,586,776원
용도지역	제2종 일반주거지역	세대 평균 대지가액	457,059,145원
용적률 산정용 연면적	1,615평	추정 대지가액	761,765,241원

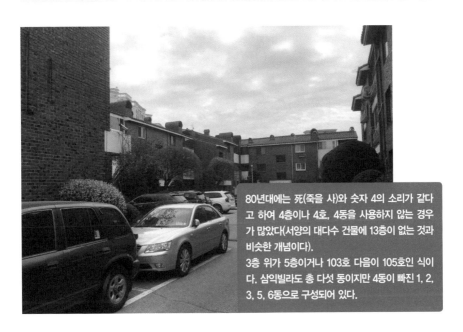

80년대에는 死(죽을 사)와 숫자 4의 소리가 같다고 하여 4층이나 4호, 4동을 사용하지 않는 경우가 많았다(서양의 대다수 건물에 13층이 없는 것과 비슷한 개념이다).
3층 위가 5층이거나 103호 다음이 105호인 식이다. 삼익빌라도 총 다섯 동이지만 4동이 빠진 1, 2, 3, 5, 6동으로 구성되어 있다.

홍일연립

003

 은평구 신사동 20-1   6호선 응암역 2번 출구 400m

▶ 1990년 주택은 확실히 90년대 느낌이 난다. 용적률이 약 148%로 조사대상 중 가장 높고, 대지지분도 10평이 채 되지 않는다. 그럼에도 준주거지역이라 조사대상에 포함시켰다.

▶ 실거래가 1억대이지만 세대수가 적은 만큼 거래도 드문 편이다.

준공년도	1990년	추정 용적률	147.8%
세대수	19세대	세대 평균 대지지분	9.45평
대지면적	593.7㎡(179.6평)	2020년 평당 개별공시지가	13,752,066원
용도지역	준주거지역	세대 평균 대지가액	129,957,024원
용적률 산정용 연면적	265.51평	추정 대지가액	216,595,040원

80년대 연립주택은 아니지만 준주거지역이라 선정했다. (준주거지역 등 용도지역에 관한 내용은 34쪽 참고)

가로주택정비사업 요건을 충족하는 홍일연립

지도만으로도 홍일연립이 가로주택정비사업* 요건을 충족하는 땅임을 알 수 있다. 홍일연립이 속한 가로구역은 갈현로와 은평로 둘러싸인 삼각형 형태로, 갈현로와 은평로 모두 폭 6m 이상 도로다. 가로구역의 넓이는 약 7천㎡로 1만㎡ 미만 요건을 충족한다.

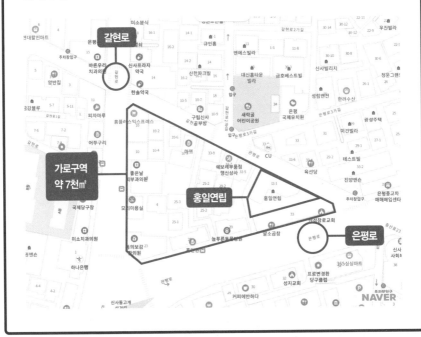

★ **가로주택정비사업** : 노후, 불량 건축물이 밀집한 가로구역에서 종전의 가로를 유지하면서 소규모로 주거환경을 개선하기 위해 시행하는 정비사업이다. 일반 재건축 사업보다 진행 속도가 빨라 사업 기간을 단축할 수 있다. (가로구역 면적 확인하는 법은 〈준비마당〉 51쪽 참고).

금호빌라

004

 서대문구 홍은동 355   비역세권, 서부선 충암초교역(예정)

▶ 주위에 백련산 힐스테이트, 힐스테이트 홍은포레스트 등 대단지 신축 아파트가 생기면서 제반 환경이나 상권이 더 좋아질 것으로 예상된다.

▶ 경전철 서부선 충암초교역이 개통되면 역세권으로 편입될 것이다.

준공년도	1987년	추정 용적률	94.6%
세대수	87세대	세대 평균 대지지분	19.47평
대지면적	5,600㎡(1,694평)	2020년 평당 개별공시지가	11,917,355원
용도지역	제3종 일반주거지역	세대 평균 대지가액	232,030,902원
용적률 산정용 연면적	1,603평	추정 대지가액	386,718,170원

단지 규모가 큰 편으로 가좌로를 길게 접하고 있다.
가장 가까운 새절역이 약 1.4km 떨어져 역세권으로 볼 수는 없다.

광하빌라

 서대문구 천연동 98-17   5호선 서대문역 2번 출구 770m

▶ 대지면적이 다소 작지만 제3종 일반주거지역*이고 세대 평균 대지지분도 크다.

▶ 언덕에 위치한다.

준공년도	1986년	추정 용적률	113.5%
세대수	15세대	세대 평균 대지지분	24.74평
대지면적	1,226.7㎡(371.1평)	2020년 평당 개별공시지가	14,082,644원
용도지역	제3종 일반주거지역	세대 평균 대지가액	348,404,613원
용적률 산정용 연면적	421평	추정 대지가액	580,674,354원

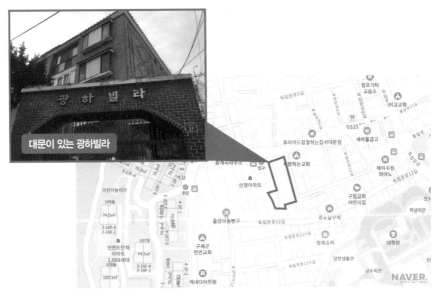

대문이 있는 광하빌라

★   용도지역에 따라 가치가 달라진다. 용도지역에 대한 자세한 내용은 34쪽을 참고하자.

신혼빌라

 마포구 중동 78　　 6호선 · 공항철도 · 경의중앙선 디지털미디어시티역 3번 출구 430m

▶ 이름으로 미루어 건축 당시 신혼부부를 타깃으로 분양한 것으로 추측된다.

▶ 소형평형 위주로 세대수가 많은 편이라 세대 평균 대지지분이 작은 것은 약점이다.★

▶ 성산시영아파트 재건축과 맞물려 변화가 이뤄질 확률이 커 보인다.

▶ 2020년 5월, 2억 5,900만원의 실거래 기록이 있다.

준공년도	1987년	추정 용적률	117.9%
세대수	108세대	세대 평균 대지지분	10.51평
대지면적	3,751㎡(1,134.7평)	2020년 평당 개별공시지가	13,768,595원
용도지역	제2종 일반주거지역	세대 평균 대지가액	144,707,933원
용적률 산정용 연면적	1,337.54평	추정 대지가액	241,179,889원

B동이라고 적힌 건물이 신혼빌라, 그 뒤로 보이는 아파트가 재건축을 추진 중인 성산시영아파트다.

★　작은 지분의 세대수가 많다는 것은 주차장, 엘리베이터 등 공용시설 확보를 위한 사업비가 늘어날 수 있음을 의미하며, 재건축 의사결정을 느리고 복잡하게 만들 수 있다.

성사빌라

 마포구 성산동 134-116   경의중앙선 가좌역 2번 출구 290m

▶ 성사중학교, 중동초등학교가 1분 이내 거리다.

▶ 임장을 간다면 성사빌라 바로 옆에 있는 도원빌라와 인근에 있는 연희맨션(마포구 성산동 141-1/141-42)도 함께 둘러보자.

준공년도	1982년	추정 용적률	83.4%
세대수	36세대	세대 평균 대지지분	20.9평
대지면적	2,487㎡(752.3평)	2020년 평당 개별공시지가	12,763,636원
용도지역	제2종 일반주거지역	세대 평균 대지가액	266,759,992원
용적률 산정용 연면적	627.7평	추정 대지가액	444,599,987원

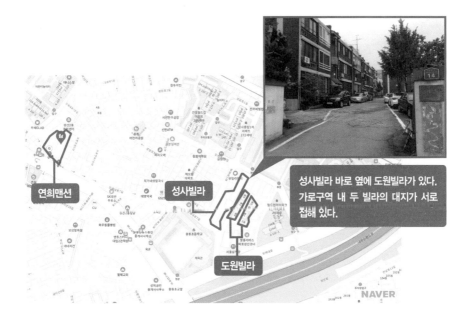

성사빌라 바로 옆에 도원빌라가 있다. 가로구역 내 두 빌라의 대지가 서로 접해 있다.

쌍마빌라

008

 마포구 연남동 361-9   경의중앙선 가좌역 1번 출구 450m

▶ '연트럴파크' 경의선 숲길변에 위치해 경의선 숲길이 마치 쌍마빌라의 앞뜰 같다.

▶ 전철이나 도로의 지하화, 고가도로 철거 등은 주거 쾌적성을 비약적으로 높여준다.

준공년도	1985년	추정 용적률	98.8%
세대수	18세대	세대 평균 대지지분	27.68평
대지면적	1,646.8㎡(498.2평)	2020년 평당 개별공시지가	14,231,404원
용도지역	제2종 일반주거지역	세대 평균 대지가액	393,925,263원
용적률 산정용 연면적	491.96평	추정 대지가액	656,542,105원

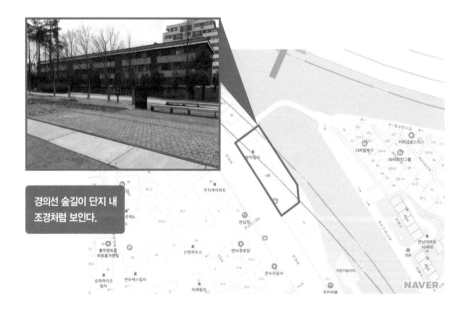

경의선 숲길이 단지 내 조경처럼 보인다.

화랑빌라

🏠 마포구 연남동 226-33/226-35

🚇 2호선 · 경의중앙선 · 공항철도
홍대입구역 3번 출구 630m

▶ 신촌맨숀(마포구 연남동 226-1)과 마주보고 있다. 함께 둘러보자.

▶ 세대 평균 대지지분이 30평 가까이 된다.

준공년도	1984년	추정 용적률	98.5%
세대수	18세대	세대 평균 대지지분	29.63평
대지면적	1,763.4㎡(533.4평)	2020년 평당 개별공시지가	20,915,702원
용도지역	제2종 일반주거지역	세대 평균 대지가액	619,732,250원
용적률 산정용 연면적	525.5평	추정 대지가액 ★	1,032,887,084원

화랑빌라 바로 옆에 있는
신촌맨숀도 함께 둘러보자.

★ 마포구 연립주택의 실거래가는 추정 대지가액보다 낮은 편이고, 성동구 연립주택의 실거래가는 추정 대지가액보다 높은 편이다. 2020년 평균 개별공시지가 산정에 있어서 어느 지역이 과대 또는 과소 평가 되었는지 생각해 보면서 '가볍게' 훑어보자.

동서빌라

 마포구 동교동 197-13

 2호선 · 경의중앙선 · 공항철도 홍대입구역
2번 출구 330m

▶ 트리플 역세권으로 서울 어디로나 이동이 편리하다.

▶ 경의선 숲길, 홍대 상권을 이용하기 좋다.

▶ 임장을 간다면 동교빌라(마포구 동교동 153-6/153-9)도 함께 둘러보자.

준공년도	1984년	추정 용적률	99.3%
세대수	18세대	세대 평균 대지지분	22.79평
대지면적	1,355.9㎡(410.2평)	2020년 평당 개별공시지가	26,446,280원
용도지역	제2종 일반주거지역	세대 평균 대지가액	602,710,721원
용적률 산정용 연면적	407.14평	추정 대지가액	1,004,517,869원

위치를 살펴보면서 가로구역을 예상해 보자. 다양한 케이스를 접하다 보면 감이 잡힐 것이다(가로구역 면적 측정에 대한 자세한 내용은 51쪽 참고).

동서빌라

동교빌라

홍대입구역은 2호선, 경의중앙선, 공항철도가 지나는 트리플 환승역이다.

기린동산빌라

011

 마포구 동교동 200-2   2호선 · 경의중앙선 · 공항철도 홍대입구역 2번 출구 310m

▶ 가로구역(월드컵북로4길,★ 동교로25길, 동교로, 동교로27길) 면적이 1만㎡ 초과 2만㎡ 이내로, 만약 가로주택정비사업으로 재건축을 추진하려면 공공성 요건을 충족해야 한다(공공성 요건에 대한 자세한 내용은 62쪽 참고).

▶ 용도지역이 제3종 일반주거지역이다.

준공년도	1987년	추정 용적률	112.0%
세대수	71세대	세대 평균 대지지분	14.19평
대지면적	3,331.3㎡(1,007.7평)	2020년 평당 개별공시지가	25,705,784원
용도지역	제3종 일반주거지역	세대 평균 대지가액	364,765,075원
용적률 산정용 연면적	1,128.6평	추정 대지가액	607,941,792원

가로구역 면적이 1만㎡ 초과 2만㎡ 이내라면 공공성 요건을 충족하는 방식으로 가로주택정비사업을 고려할 수 있다.

★ 서울도시계획포털 검색 결과, 월드컵북로4길은 도시계획도로지만 폭이 4m 미만인 것으로 보인다. 이에 대한 승인권자의 판단에 따라 1만㎡ 미만으로 해석될 수도 있다.

흥국빌라맨션 · 홍익빌라

012

 마포구 합정동 395-15/395-2   2 · 6호선 합정역 8번 출구 470m

▶ 월드컵로3길/5길, 희우정로, 포은로의 도로폭이 6m가 넘어 보이며, 통합시 세대수 33세대(20세대 이상), 가로구역 면적 약 6,300㎡(1만㎡ 미만)로 가로주택정비사업에 적합하다.

▶ 합정 카페 상권, 딜라이트 스퀘어, 메세나폴리스몰이 도보권이라 극장(롯데시네마), 마트(홈플러스), 대형서점(교보문고) 등을 편리하게 이용할 수 있다.

▶ 임장을 간다면 인근의 삼화빌라(합정동 439-1)도 함께 둘러보자.

	흥국빌라맨션	홍익빌라
주소	합정동 395-15	합정동 395-2
준공년도	1984년	1985년
세대수	15세대	18세대
대지면적	1,134.4㎡(343평)	959㎡(290평)
용도지역	제2종 일반주거지역	제2종 일반주거지역
용적률 산정용 연면적	333.4평	258.75평
추정 용적률	97.2%	89.2%
세대 평균 대지지분	22.88평	16.12평
2020년 평당 개별공시지가	19,940,495원	20,033,057원
세대 평균 대지가액	456,238,526원	322,932,879원
추정 대지가액	760,397,543원	538,221,465원

왼쪽 흥국빌라맨션(22.88평)이 오른쪽 홍익빌라(16.12평)보다 세대 평균 대지지분이 크다.

동덕주택

013

 마포구 망원동 454-29/454-3   6호선 망원역 2번 출구 1km

▶ 한 동에 2층과 3층이 섞여 있는 특이한 구조를 가지고 있다.

▶ 임장을 간다면 인근의 서원빌라(망원동 456-6), 제일가든맨숀(망원동 382-4)도 함께 둘러보자.

준공년도	1983년	추정 용적률	98.8%
세대수	30세대	세대 평균 대지지분	18.28평
대지면적	1,812.6㎡(548.3평)	2020년 평당 개별공시지가	18,809,917원
용도지역	제2종 일반주거지역	세대 평균 대지가액	343,845,283원
용적률 산정용 연면적	542평	추정 대지가액	573,075,471원

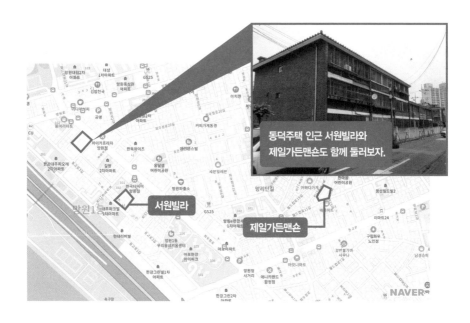

동덕주택 인근 서원빌라와
제일가든맨숀도 함께 둘러보자.

보라맨션

 마포구 망원동 436-3   6호선 마포구청역 5번 출구 360m

▶ 담장을 허물고 주차공간을 확보해 실거주 쾌적성을 높였다.

▶ 바로 대각선에 망원초등학교가 위치한다.

준공년도	1981년	추정 용적률	98.5%
세대수	24세대	세대 평균 대지지분	23.77평
대지면적	1,885.9㎡(570.5평)	2020년 평당 개별공시지가	17,038,016원
용도지역	제2종 일반주거지역	세대 평균 대지가액	404,993,640원
용적률 산정용 연면적	561.92평	추정 대지가액	674,989,401원

담장을 허물고 주차공간을 확보했다. 두 동 사이의 주차공간도 잘 정비되어 있다.

동산맨션

 마포구 망원동 470-6/470-34   6호선 마포구청역 5번 출구 210m

▶ 가로구역 면적이 약 7,800㎡로 가로주택정비사업 면적 기준을 충족한다.

▶ 작은 사거리 모퉁이에 있어 채광 확보에 유리하며, 관리 상태가 매우 양호한 연립 중 하나다.

준공년도	1983년	추정 용적률	99.4%
세대수	30세대	세대 평균 대지지분	19.20평
대지면적	1,904.4㎡(576.1평)	2020년 평당 개별공시지가	18,221,487원
용도지역	제2종 일반주거지역	세대 평균 대지가액	349,852,550원
용적률 산정용 연면적	572.74평	추정 대지가액	583,087,584원

6호선 마포구청역 초역세권이다.

성도연립

016

 마포구 용강동 117-1/150-1   5호선 마포역 1번 출구 640m

▶ 토정로에서 이어지는 진입로가 다소 협소하다.

▶ 택시회사(화창운수) 부지와 접하고 있다. 통합 개발시 토정로에서 바로 접근이 가능해지는 만큼, 현재의 약점인 접도 조건을 극복할 실마리가 될 수 있겠다.

준공년도	1980년	추정 용적률	79.9%
세대수	32세대	세대 평균 대지지분	22.06평
대지면적	2,333.8㎡(706평)	2020년 평당 개별공시지가	19,451,239원
용도지역	제2종 일반주거지역	세대 평균 대지가액	429,094,332원
용적률 산정용 연면적	564.25평	추정 대지가액	715,157,221원

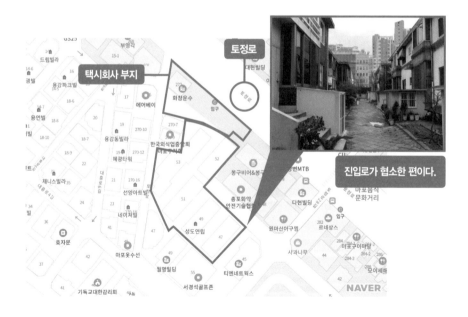

토정로

택시회사 부지

진입로가 협소한 편이다.

온라인에서 연립주택 정보 얻는 방법

인터넷에서 연립주택 정보를 얻기란 쉽지 않다. 투자용으로 큰 관심을 받은 적도 없고, 연립주택에 매력을 느끼는 수요층이 인터넷의 주 사용층과 괴리가 있기 때문이기도 하다.

그럼에도 가뭄에 콩 나듯 올라와 있는 정보를 하나라도 더 긁어모으고 싶다면?

예를 들어 하월곡동 동부주택에 대한 정보를 수집한다고 해보자.

[하월곡동 동부주택]이라고만 검색어를 넣으면? 하수다!

동명(하월곡동)과 함께 [동부주택], [동부빌라], [동부연립], [동부맨션] 등으로 검색어를 늘려보자. 준공 당시 이름은 xx주택, xx연립이었으나 명패를 xx빌라, xx맨숀, xx빌리지, xx타운 등으로 바꾼 현장이 많기 때문이다. 요즘은 오히려 [연립]이라는 단어가 넓은 대지지분을 연상시키지만, 영어 단어를 써야 고급스럽다고 느끼던 시절이 있었다.

지하철역 이름과 함께 검색어를 넣는 것도 좋다. 요즘은 동 이름보다는 지하철역을 기준으로 위치를 검색하는 경우가 많다. [월곡역 동부주택], [염창역 덕수빌라], [강동역 세경주택]처럼 말이다.

마지막으로는 지번을 꼭 확인해야 한다. 과거에는 지역 기반의 건설회사가 같은 행정동 내에서도 여러 현장에 같은 이름을 붙인 경우가 많았기 때문이다.

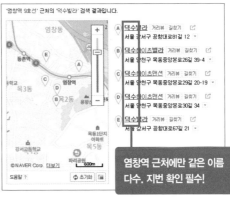

(출처 : 네이버)

123

서울
동북권 I

노원
도봉
강북
성북

- 부동산 정책에 따라 시시각각 조건이 달라질 수 있으므로, 투자 전 꼼꼼한 검토가 필요하다.
- 연립주택은 매물이 적어 매매가, 호가의 변동폭이 큰 편이므로 인근 부동산중개사무소를 방문해 정확한 정보를 알아보자.
- 가로주택정비사업은 수도권 주택공급의 한 축으로 다양한 제도적 혜택을 받고 있다.
- 가로주택정비사업 시행 가능 여부는 다양한 요건과 상황, 승인권자의 해석에 따라 달리 판단될 수 있으므로 관할 구청 주택과나 SH공사를 통한 개별적 확인이 필요하다.

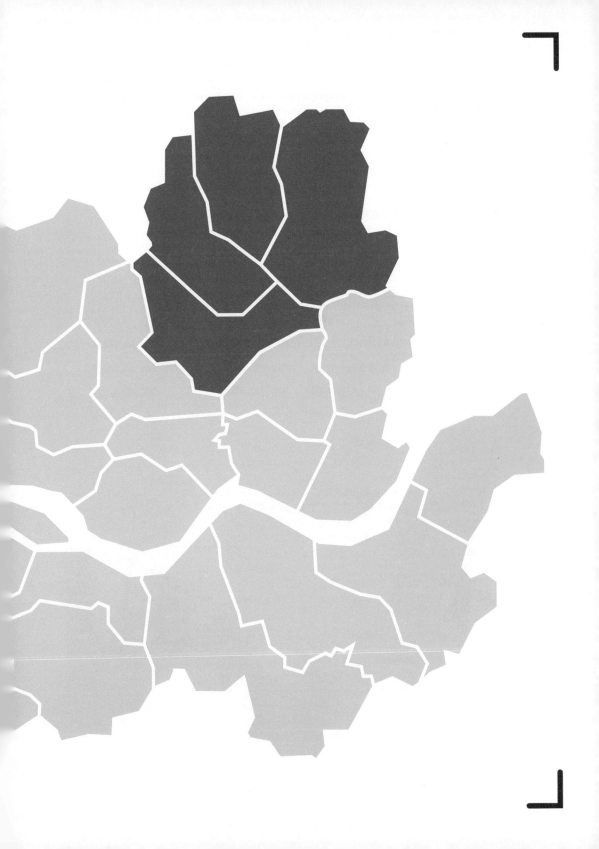

오성빌라

017

 노원구 상계동 322-8/322-9　　 4·7호선 노원역 1번 출구 450m

▶ 4·7호선 노원역 '환승역세권'에, 롯데백화점 노원점을 도보로 이용할 수 있는 '백세권'이다.

▶ 2019년 3월, 3억 900만원에 실거래되었다.

준공년도	1985년	추정 용적률	83.4%
세대수	72세대	세대 평균 대지지분	17.68평
대지면적	4,208㎡(1,272.9평)	2020년 평당 개별공시지가	7,966,942원
용도지역	제2종 일반주거지역	세대 평균 대지가액	140,855,535원
용적률 산정용 연면적	1,061.97평	추정 대지가액	234,759,224원

인근에 현재 용적률 100% 미만인 아파트 상계주공 5단지도 있다.

현대빌라

 노원구 공릉동 371-9/371-38   7호선 공릉역 1번 출구 380m

▶ 세대 평균 대지지분이 30.3평으로 조사대상 중 5위다.

▶ 남쪽 방향으로 초등학교를 접하고 있다. 학교와 접한다는 것은 큰 장점이다.

준공년도	1984년	추정 용적률	84.1%
세대수	18세대	세대 평균 대지지분	30.30평
대지면적	1,802.9㎡(545.4평)	2020년 평당 개별공시지가	9,421,487원
용도지역	제2종 일반주거지역	세대 평균 대지가액	285,471,056원
용적률 산정용 연면적	458.74평	추정 대지가액	475,785,094원

80년대 연립주택에는 오른쪽 사진처럼 텃밭으로 쓰이는 공지가 많다. 이러한 공지는 세대 평균 대지지분이 넓다는 의미이기도 하다.

양지빌라

 노원구 공릉동 366-5/366-28   7호선 공릉역 1번 출구 380m

▶ 두 동 사이의 공간만으로도 주차가 충분한지, 일부 주차구역은 폐쇄해 버렸다.

▶ 양지빌라가 포함된 가로구역 면적이 약 4,400㎡로 가로주택정비사업 면적 요건(1만㎡ 미만)을 충족한다. 24세대로 세대수 요건(20세대 이상)도 충족한다.

준공년도	1982년	추정 용적률	98.7%
세대수	24세대	세대 평균 대지지분	21.87평
대지면적	1,734.9㎡(524.8평)	2020년 평당 개별공시지가	9,761,983원
용도지역	제2종 일반주거지역	세대 평균 대지가액	213,494,568원
용적률 산정용 연면적	517.78평	추정 대지가액	355,824,280원

가로주택정비사업에 적합한 양지빌라. 도로폭이 기준에 미달할 경우, 미달분만큼을 기부채납하면 용적률 상향 혜택을 받을 수 있다(자세한 내용은 66쪽 참고).

궁전빌라

 도봉구 창동 623-8   4호선 쌍문역 2번 출구 560m

020

▶ 대지면적이 다소 작은 편이지만 세대 평균 대지지분이 크다.

▶ 가로구역 면적이 약 5,500㎡로 가로주택정비사업 면적 요건을 충족하지만, 세대수가 20세대에 미치지 못해 궁전빌라만으로 가로주택정비사업을 추진할 수는 없다. 만약 가로주택정비사업을 추진하려면 인근 건물과 통합 개발이 필요하다.

준공년도	1984년	추정 용적률	92.6%
세대수	18세대	세대 평균 대지지분	23.33평
대지면적	1,388.1㎡(419.9평)	2020년 평당 개별공시지가	9,480,991원
용도지역	준공업지역	세대 평균 대지가액	221,191,520원
용적률 산정용 연면적	389평	추정 대지가액	368,652,533원

블록 모퉁이에 위치하면 채광이나 (재건축시) 차량 진입로 확보 등에 유리하다.

신우빌라

 도봉구 방학동 318-2/318-44   1호선 방학역 3번 출구 1km

▶ 두 필지로 분리되어 있으나, 한 단지이므로 통합하여 계산 분석했다. 준공년도와 평당 개별공시지가는 318-44번지를 기준으로 작성했다.

▶ 21동, 264세대 규모의 대단지 연립주택(조사대상 중 대지면적 4위)으로, 2억대 중반으로 거래된다(2019~2020년 기준).

▶ 방학초등학교, 방학중학교와 접한다.

준공년도	1986년	추정 용적률	108.9%
세대수	264세대	세대 평균 대지지분	17.65평
대지면적	15,405㎡(4,660평)	2020년 평당 개별공시지가	8,320,661원
용도지역	제2종 일반주거지역	세대 평균 대지가액	146,859,667원
용적률 산정용 연면적	5,073.91평	추정 대지가액	244,766,111원

연립주택의 정문 100m 이내에 방학동 도깨비 시장과 공영주차장이 있다. 재래시장은 분명 장점이 많은 시설이지만, 낮시간에는 인근이 다소 복잡해지는 편이다.

일심연립

 강북구 미아동 833-2   우이신설선 삼양역 2번 출구 210m

▶ 용적률 65%대의 2층짜리 연립주택으로 당연히 대지지분도 크다.

▶ 삼양역 초역세권이며, 롯데마트가 접하고 있어 편리하다.

준공년도	1981년	추정 용적률	65.0%
세대수	39세대	세대 평균 대지지분	25.64평
대지면적	3,306㎡(1,000평)	2020년 평당 개별공시지가	8,386,777원
용도지역	제2종 일반주거지역	세대 평균 대지가액	215,036,962원
용적률 산정용 연면적	649.81평	추정 대지가액	358,394,937원

한신빌라

강북구 수유동 451-1/
451-170/451-171/605-224

우이신설선 화계역 2번 출구 130m

▶ 주머니형 토지로 향후 재건축시 차량 진출입에 대한 고민이 필요하다. 예를 들어 현재 정문 쪽
은 들어오는 차량 용도로만 사용하고, 인접한 구립 제일경로당 옆 담장 쪽으로 차량이 나가는
문을 따로 만드는 식으로 아이디어를 내면 된다.

▶ 2억대 중반 실거래가로 매매가와 전세가 갭은 약 1억원 수준이다.

준공년도	1986년	추정 용적률	86.6%
세대수	42세대	세대 평균 대지지분	26.68평
대지면적	3,705㎡(1,120.8평)	2020년 평당 개별공시지가	8,360,330원
용도지역	제2종 일반주거지역	세대 평균 대지가액	223,053,604원
용적률 산정용 연면적	970.24평	추정 대지가액	371,756,007원

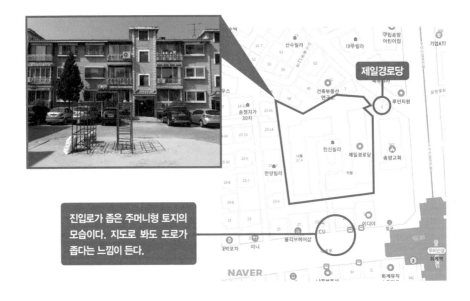

진입로가 좁은 주머니형 토지의 모습이다. 지도로 봐도 도로가 좁다는 느낌이 든다.

보광빌라

 강북구 수유동 360-1 　　 우이신설선 가오리역 2번 출구 70m

▶ 단지 규모가 크고 세대 평균 대지지분도 큰 편이다.

▶ 조합임원 사퇴 후 재건축 전열을 재정비하는 중이다. 소규모 재건축 조합설립 후 2년이 지나도록 사업시행인가를 받지 않아 거래 가능한 물건이 꽤 있다(2020년 4월 기준).★

▶ 2020년 6월, 3억 2,500만원에 실거래되었다(대지지분 23.2평 기준).

준공년도	1983년	추정 용적률	87.8%
세대수	96세대	세대 평균 대지지분	22.27평
대지면적	7,069㎡(2,138.4평)	2020년 평당 개별공시지가	7,662,810원
용도지역	제2종 일반주거지역	세대 평균 대지가액	170,650,779원
용적률 산정용 연면적	1,878.29평	추정 대지가액	284,417,965원

소규모 재건축 진행 중으로, 조합임원 사퇴 문제로 현재 조합설립인가 단계에 머물러 있다.
지금은 답보 상태로 보이지만, 소규모 재건축은 사업시행인가와 관리처분인가를 동시에 받을 수 있는 만큼, 매듭 정리가 되는 대로 속도를 낼 수 있을 것이다.

★　　조합설립인가 단계 이후 매매시, 조합원 자격 승계에 대한 내용은 134쪽을 참고하자.

조심조심! 일반·소규모 재건축 조합원 지위 승계 조건

가로주택정비사업은 조합원 지위 양도에 대한 별도의 제한 규정이 없어 양도·양수가 자유로운 편이다(준비마당 97쪽 참고). 하지만 일반 재건축·소규모 재건축은 다르다. 이미 투기과열지구 내 일반 재건축·소규모 재건축 조합이 설립된 상태라면, 집을 매수하더라도 조합원 지위는 양수하지 못해 현금청산자가 되어버리는 것 아닌가 하는 걱정이 들 수 있다.

원칙적으로 재건축조합이 설립되면 해당 주택재건축 정비사업구역에서는 조합원 지위 양도가 불가능한 것이 맞다. 다만, 몇 가지 예외가 있다. 관심 매물이 재건축 진행 단계에 있다면 아래 내용을 참고하여 조합원 지위 양도·양수가 가능한지를 조합, 관할 구청 등에 확인해야 한다.

- **1만㎡ 이상의 일반 재건축:**
  '도시 및 주거환경정비법 제39조' (이하 도정법) 참고

- **1만㎡ 미만의 소규모 재건축:**
  '빈집 및 소규모주택 정비에 관한 특례법 제24조' (이하 특례법) 참고

1. 1세대 1주택자로서 해당 주택을 10년 이상 보유하고, 5년 이상 거주한 자

▶ 도정법에는 명시되어 있지만, 특례법에는 해당 예외가 명시되어 있지 않다. 따라서 도정법 적용을 받는 1만㎡ 이상 규모의 연립주택, 즉 일반 재건축에만 적용된다고 이해해야 한다.

〈실천마당〉의 연립주택 100곳 중 1만㎡ 이상 규모는 우신빌라, 서울가든빌라, 현대빌라(시흥동), 신향빌라, 중화우성타운, 궁동빌라 등이 있다.

2. 해당 주택을 3년 이상(소규모 재건축은 2년) 보유한 조합원은 아래의 경우 등 에 양도 가능함

– 조합설립 이후 3년간(소규모 재건축은 2년) 사업시행인가 신청을 하지 못한 경우

– 사업시행인가 이후 3년 이상(소규모 재건축은 2년) 경과하였음에도 착공을 하 지 못한 경우

– 착공신고 등을 한 날로부터 3년 이내에 준공인가를 받지 아니한 경우 (소규모 재건축도 도정법에 따른 재건축과 동일하게 3년 보유시 적용)

▶ 사업 진척이 지지부진한 경우를 의미한다. 매물이 잠겨 있다가도, 이렇게 일정 시점이 지나면 다시 거래가 재개될 수 있다.

3. 기타

– 상속이나 이혼의 경우

– 세대주, 세대원의 근무상 또는 생업상의 사정이나 1년 이상의 질병치료, 취 학, 결혼으로 세대원이 모두 해당 사업구역에 위치하지 않는 특별시, 광역 시, 특별자치시, 특별자치도, 시 또는 군으로 이전하는 경우

– 상속으로 취득한 주택으로 세대원이 모두 이전하는 경우

– 세대원 모두 해외로 이주하거나 세대원 모두 2년 이상 해외에 체류하는 경우

– 그 밖의 불가피한 사정으로 양도하는 경우로서 대통령령으로 정하는 경우

▶ 생업상의 사정에 지방 창업은 해당되지 않는다는 점에 유의하자(취업만 해 당한다).

진숙주택

025

 강북구 번동 441-3/441-4　　 4호선 수유역 3번 출구 620m

▶ 2020년 평당 개별공시지가와 세대 평균 대지가액이 조사대상 중 가장 저렴하다.

▶ 추정 대지가액은 1억 5천만원 정도이며, 실거래가도 1억대 중반이다(2019~2020년 기준).

준공년도	1987~1988년	추정 용적률	109.4%
세대수	114세대	세대 평균 대지지분	13.13평
대지면적	4,948.7㎡(1,497평)	2020년 평당 개별공시지가	6,776,859원
용도지역	제2종 일반주거지역	세대 평균 대지가액	88,980,159원
용적률 산정용 연면적	1,637.57평	추정 대지가액	148,300,264원

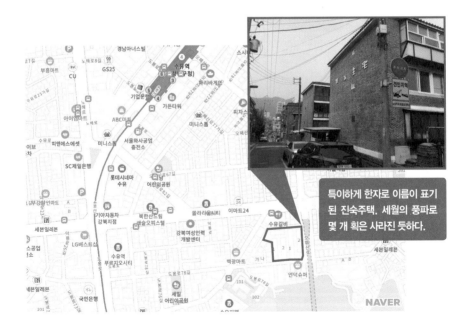

특이하게 한자로 이름이 표기된 진숙주택. 세월의 풍파로 몇 개 획은 사라진 듯하다.

대광빌라

 성북구 안암동3가 54/54-3/54-4/54-5   6호선 · 우이신설선 보문역 5번 출구 420m

▶ 54번지가 1동이고, 54-3, 4, 5번지가 각각 2, 3, 4동이다.

▶ 1동 입구가 별도로 떨어져 있으며, 경사지에 있어 고도차도 상당하다. 분리 개발 가능성을 염두에 둬야 한다(아래 표는 1동을 제외하고 분석했다).

▶ 경사로, 방수, 기와, 포장 등 관리 상태가 매우 우수하다.

▶ 성북천이 가깝고 조망이 좋다.

준공년도	1985년	추정 용적률	94.1%
세대수	48세대	세대 평균 대지지분	26.71평
대지면적	4,238.9㎡(1,282.3평)	2020년 평당 개별공시지가	12,079,338원
용도지역	제2종 일반주거지역	세대 평균 대지가액	322,639,118원
용적률 산정용 연면적	1,206.66평	추정 대지가액	537,731,863원

1동에서 본 2~4동

2~4동에서 본 1동

우남빌라

 성북구 상월곡동 28-7　　 6호선 상월곡역 2번 출구 160m

▶ 단지 크기, 대지지분, 역세권 등 좋은 요소를 다 갖췄다.

▶ 장위15구역에 포함된 연립주택이다.★

준공년도	1985년	추정 용적률	84.8%
세대수	46세대	세대 평균 대지지분	32.49평
대지면적	4,941㎡(1,494.7평)	2020년 평당 개별공시지가	12,476,033원
용도지역	제2종 일반주거지역	세대 평균 대지가액	405,346,312원
용적률 산정용 연면적	1,267.45평	추정 대지가액	675,577,187원

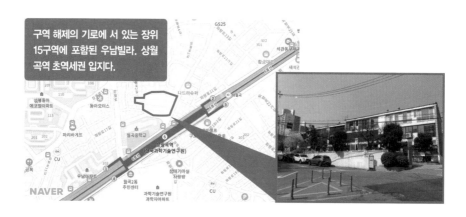

구역 해제의 기로에 서 있는 장위15구역에 포함된 우남빌라. 상월곡역 초역세권 입지다.

★　2018년, 서울시는 사업진행 미비를 이유로 장위15구역을 정비구역에서 직권 해제했다. 이에 장위15구역은 서울시를 상대로 해제 무효를 주장하는 행정소송을 진행하여 일부 승소했고, 서울시는 즉각 항소했다. 한치 앞을 예상하기 힘든 상황인데, 우남빌라는 15구역 내 다른 주택에 비해 구역해제 무효 소송 결과에 대해 상대적으로 자유로운 편이다. 대단위 재개발이 이뤄져 메이저 브랜드 아파트가 들어서면 가장 좋겠지만, 만에 하나 구역 해제 판결이 나온다 해도 자체 단독 개발이 가능한 규모이기 때문이다.

동부주택

028

 성북구 하월곡동 64   6호선 월곡역 2번 출구 390m

▶ 코업스타클래스 주상복합 뒤편이다.

▶ 내부순환로와 북부간선도로 등 고가 인근에 위치해 소음이 발생하는 등 다소 시끄러운 분위기다. 이는 역설적으로 교통이 좋다는 뜻이기도 하다.

▶ 경전철 강북횡단선 월곡역이 들어설 예정이다.

준공년도	1987년	추정 용적률	107.9%
세대수	66세대	세대 평균 대지지분	18.68평
대지면적	4,075㎡(1,232.7평)	2020년 평당 개별공시지가	10,185,124원
용도지역	제3종 일반주거지역	세대 평균 대지가액	190,258,116원
용적률 산정용 연면적	1,330.54평	추정 대지가액	317,096,861원

교통이 좋은 동부주택. 월곡역은 6호선·강북횡단선 환승역 예정이며, 내부순환로, 북부간선도로 접근도 용이하다.

실천
마당
③

서울
동북권 II

동대문
성동

- 부동산 정책에 따라 시시각각 조건이 달라질 수 있으므로, 투자 전 꼼꼼한 검토가 필요하다.
- 연립주택은 매물이 적어 매매가, 호가의 변동폭이 큰 편이므로 인근 부동산중개사무소를 방문해 정확한 정보를 알아보자.
- 가로주택정비사업은 수도권 주택공급의 한 축으로 다양한 제도적 혜택을 받고 있다.
- 가로주택정비사업 시행 가능 여부는 다양한 요건과 상황, 승인권자의 해석에 따라 달리 판단될 수 있으므로 관할 구청 주택과나 SH공사를 통한 개별적 확인이 필요하다.

금성빌라

029

 동대문구 장안동 419-7   5호선 장한평역 2번 출구 280m

▶ 금성빌라가 포함된 가로구역 면적은 약 6,000㎡로 가로주택정비사업 면적 요건(1만㎡ 미만)을 충족한다.

▶ 2020년 3월, 5억 8,000만원에 실거래되었다(대지지분 동일).

준공년도	1986년	추정 용적률	96.8%
세대수	30세대	세대 평균 대지지분	24.8평
대지면적	2,459.9㎡(744.1평)	2020년 평당 개별공시지가	12,413,223원
용도지역	제2종 일반주거지역	세대 평균 대지가액	307,847,930원
용적률 산정용 연면적	720평	추정 대지가액	513,079,884원

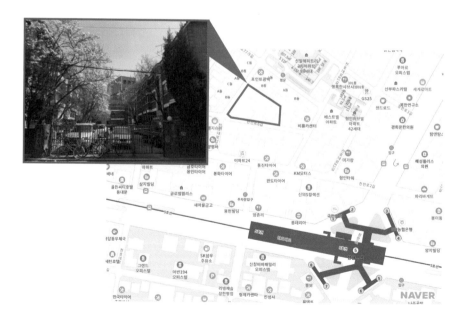

대명연립 가·나동

 동대문구 장안동 448 5호선 장한평역 3번 출구 300m

▶ 한 블록 전체가 대명연립이지만, 다·라동(장안동 448-1)에 성업 중인 상가 한 동이 같이 묶여 있어 가·나동(장안동 448)으로만 분석했다. 블록을 통으로 개발하는 것이 당연히 사업성이 좋지만, 상가동과 주택은 원하는 바가 다를 수밖에 없는 만큼 이를 고려한 투자가 이뤄져야 한다.

▶ 가로주택정비사업을 추진하기 좋은 구역으로 보인다.

준공년도	1981년	추정 용적률	98.6%
세대수	36세대	세대 평균 대지지분	16.29평
대지면적	1,939㎡(586.5평)	2020년 평당 개별공시지가	11,699,173원
용도지역	제2종 일반주거지역	세대 평균 대지가액	190,579,528원
용적률 산정용 연면적	578.26평	추정 대지가액	317,632,547원

상가와 같은 필지에 있는 다동, 라동(장안동 448-1)

광성연립

 동대문구 장안동 405-1/405-16   5호선 장한평역 3번 출구 410m

▶ 가동은 3층, 나동은 2층인 점이 특이하다. 이는 동에 따른 세대 평균 대지지분에 차이가 있다는 뜻이기도 하다.

▶ 지금 당장은 대지지분 1~2평의 차이가 작아 보일 수 있으나, 재건축이 임박해지면 그 1~2평이 수천만원의 분담금 · 환급금을 가르는 기준이 되기도 한다.

준공년도	1982년	추정 용적률	90.8%
세대수	24세대	세대 평균 대지지분	16.98평
대지면적	1,347.1㎡(407.5평)	2020년 평당 개별공시지가	11,127,272원
용도지역	제2종 일반주거지역	세대 평균 대지가액	188,941,079원
용적률 산정용 연면적	370평	추정 대지가액	314,901,798원

같은 단지에 층수가 다른 연립이 각각의 지번을 가지고 있다면, 통상 저층인 동이 사업성이 더 뛰어나다.

	가동(장안동 405-1, 3층)	나동(장안동 405-16, 2층)
세대수	12세대	12세대
대지면적	193.18평	214.32평
용적률 산정용 연면적	196.02평	173.97평
추정 용적률	101.5%	81.2%
세대 평균 대지지분	16.10평	17.86평

덕수연립

032

 동대문구 장안동 351-1/351-4　　 5호선 장한평역 3번 출구 800m

▶ 세대 평균 대지지분이 33.38평으로, 조사대상 중 두 번째로 크다.

▶ 대부분의 세대가 분양면적 43~47평인 대형평형 연립주택이다.

준공년도	1983년	추정 용적률	98.3%
세대수	18세대	세대 평균 대지지분	33.38평
대지면적	1,986㎡(600.8평)	2020년 평당 개별공시지가	10,538,843원
용도지역	제3종 일반주거지역	세대 평균 대지가액	351,786,579원
용적률 산정용 연면적	590.4평	추정 대지가액	586,310,966원

세대 평균 대지지분 TOP 2!

오복연립

 동대문구 장안동 299-1   비역세권(1km 초과), 면목선 장안동삼거리역(예정)

▶ 장안동 근린공원을 앞에 끼고 있는 '팍(PARK)세권'으로 조망권 및 채광권이 우수하다.

▶ 경전철 면목선 장안동삼거리역이 들어설 예정이다. 계획 상태의 지하철역을 바탕으로 하는 투자는 신중에 신중을 기해야 한다.

▶ 2020년 5월, 3억 5,000만원에 실거래되었다.

준공년도	1981년	추정 용적률	99.8%
세대수	42세대	세대 평균 대지지분	17.17평
대지면적	2,383.9㎡(721.1평)	2020년 평당 개별공시지가	10,707,438원
용도지역	제2종 일반주거지역	세대 평균 대지가액	183,846,710원
용적률 산정용 연면적	720평	추정 대지가액	306,411,184원

공원 게이트볼장에서 바라본 오복연립

면목선 노선도(예정)

미도빌라

034

 동대문구 장안동 92-17   비역세권(1km 초과), 면목선 장안동삼거리역(예정)

▶ 가로주택정비사업을 통한 재건축이 가능한 연립주택이다.

▶ 가로주택정비사업을 위한 세대수 요건(20세대 이상)과 가로구역 면적 요건(1만㎡ 미만)을 충족한다. 둘러싼 도로(사가정로 23길, 23가길, 23나길, 25길)도 도로폭 요건(6m 이상)을 충족하는 것으로 보인다.

▶ 경전철 면목선이 개통되면 장안동삼거리역이 들어설 예정이다.

준공년도	1985년	추정 용적률	94.0%
세대수	36세대	세대 평균 대지지분	21.15평
대지면적	2,517㎡(761.4평)	2020년 평당 개별공시지가	11,173,553원
용도지역	제2종 일반주거지역	세대 평균 대지가액	236,320,646원
용적률 산정용 연면적	715.75평	추정 대지가액	393,867,743원

미도빌라를 포함한 가로구역의 면적은 약 3,629㎡다.

(출처 : 디스코)

147

대성연립

 동대문구 장안동 92-15   비역세권(1km 초과), 면목선 장안동삼거리역(예정)

▶ 2020년 6월에 확인한 마지막 실거래가는 2억 8,500만원(2019년 12월)이다.

▶ 미도빌라와 마찬가지로 가로주택정비사업을 통한 재건축이 가능한 연립주택이다. 가로구역 요건 충족 여부는 구청 주택과를 통해 다시 확인받도록 하자.

▶ 앞서 언급했던 오복연립, 미도빌라와 마찬가지로 면목선 장안동삼거리역 수혜가 예상된다.

준공년도	1986년	추정 용적률	97.6%
세대수	30세대	세대 평균 대지지분	16.82평
대지면적	1,668㎡(504.6평)	2020년 평당 개별공시지가	10,836,363원
용도지역	제2종 일반주거지역	세대 평균 대지가액	182,267,626원
용적률 산정용 연면적	492.23평	추정 대지가액	303,779,376원

동부빌라

036

 성동구 성수동1가 656-322　　 분당선 서울숲역, 2호선 뚝섬역 6번 출구 220m

▶ 뚝섬역 초역세권이자 서울숲역 초역세권으로, 진정한 의미의 '더블 초역세권'이다.

▶ 재건축 준비 중인 성수 동아아파트와 바로 붙어 있다.

준공년도	1989년	추정 용적률	126.8%
세대수	36세대	세대 평균 대지지분	16.55평
대지면적	1,970㎡(595.9평)	2020년 평당 개별공시지가	19,044,627원
용도지역	준공업지역	세대 평균 대지가액	315,188,577원
용적률 산정용 연면적	755.5평	추정 대지가액	525,314,295원

동부빌라 뒤편으로 고급 아파트인 아크로서울포레스트와 갤러리아포레가 보인다.

149

	동아아파트	동부빌라
분양면적	32평	27평
대지지분 ❶	15.58평	17평
실거래가(2019년 10월) ❷	12.85억	8.3억
대지지분 평당 실거래가 ❷÷❶	약 8,200만원	약 4,800만원

평당 대지지분 가격이 동아아파트의 58% 수준이다.

자양빌라

 성동구 성수동1가 656-329   2호선 뚝섬역 6번 출구 230m

▶ '재건축 결의 80% 동의 완료'라는 플래카드가 다소 오래된 듯 색이 바래 있다(2020년 2월 기준).

▶ 1992년에 지어진 현대골든타운(4층, 180% 안팎 용적률)과 이웃하고 있다.

준공년도	1987년	추정 용적률	115.0%
세대수	48세대	세대 평균 대지지분	17.81평
대지면적	2,826㎡(854.9평)	2020년 평당 개별공시지가	17,170,247원
용도지역	준공업지역	세대 평균 대지가액	305,802,099원
용적률 산정용 연면적	982.81평	추정 대지가액	509,670,165원

주변 빌라의 용적률은 180%,
자양빌라 용적률은 115%

일승빌라

 성동구 성수동2가 309-50/322-9　　 2호선 성수역 3번 출구 440m

▶ 원밀리언댄스스튜디오와 50m 떨어져 있으며, 복합문화공간 겸 카페인 대림창고가 100m 거리에 있다. 그만큼 젊은 동네라는 뜻이다.

▶ 이마트 본사가 인근에 있다.

▶ 준공업지역의 전형적인 특성도 보인다. 좁은 길 건너편에 에이스하이엔드 성수타워가 있고, 바로 옆에는 서울숲 드림타워가 붙어 있다. 주변 개발 상황에 따라 일조가 불량해질 확률이 있다는 의미다.

▶ 지식산업센터(아파트형 공장, 오피스 및 상가 기능 포함)나 주상복합(상가와 주택이 혼재된 건물) 등으로 재건축될 가능성도 있어 보인다.

준공년도	1984년	추정 용적률	86.7%
세대수	51세대	세대 평균 대지지분	19.79평
대지면적	3,336.1㎡(1,009.2평)	2020년 평당 개별공시지가	16,502,479원
용도지역	준공업지역	세대 평균 대지가액	326,584,059원
용적률 산정용 연면적	875평	추정 대지가액	544,306,766원

일승빌라

왼쪽이 지식산업센터인 서울숲 드림타워,
오른쪽이 에이스하이엔드 성수타워다.

장안타운

 성동구 성수동2가 269-28   🚉 2호선 성수역 3번 출구 650m

▶ 경수초교 왼편에 있다. 경수초·중교 오른편에 비해 인기 있는 카페나 음식점이 많아 활기가 돈다.

▶ 동향이 학교 운동장으로 채광이 확보되었다는 것이 장점이다.

▶ 인근에 정안맨션(154쪽)부터 신안맨숀(157쪽)까지 많은 연립주택이 모여 있다.

준공년도	1982년	추정 용적률	85.2%
세대수	39세대	세대 평균 대지지분	18.65평
대지면적	2,405㎡(727.5평)	2020년 평당 개별공시지가	17,087,603원
용도지역	준공업지역	세대 평균 대지가액	318,683,796원
용적률 산정용 연면적	620평	추정 대지가액	531,139,660원

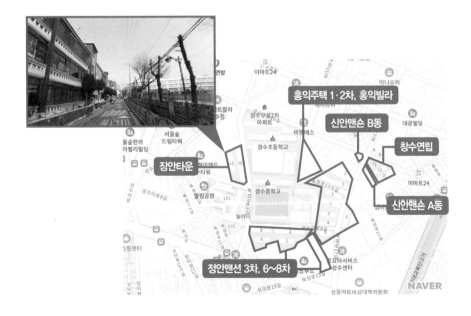

정안맨션

 성동구 성수동2가   2호선 성수역 3번 출구 800~930m

▶ 핫한 성수동이다. 한강에 붙어 있는 성수전략지구에 비해 저렴한 가격대다.

▶ 남단에 위치한 성수전략지구 재개발에 속도가 붙을수록 덩달아 몸값이 오를 확률이 높다.

▶ 준공업지역인 만큼 사업 방향 선택지도 다양하고 사업성도 좋을 것으로 예상된다.

▶ 경수초·중학교를 빙 둘러싼 형태로 위치한다. 정안맨션 1차나 2차는 이미 아파트(신성 노바빌) 등으로 재건축이 되었다. 남아 있는 단지들도 각각의 사정과 진행 상황이 다르므로 차이점을 살펴보자.

정안맨션	3차	8차	6차	6차 5동	6차 6동	7차
주소	성수동2가 265-4	성수동2가 269-13	성수동2가 269-236	성수동2가 269-137	성수동2가 269-234	성수동2가 269-9
준공년도	1983년	1986년	1985년	1985년	1985년	1986년
세대수	66세대	33세대	54세대	12세대	16세대	54세대
대지면적	3,866.9㎡ (1,169.5평)	1,883㎡ (569.6평)	3,004㎡ (908.7평)	733㎡ (221.7평)	1,177㎡ (356평)	2,809㎡ (849.7평)
용도지역	준공업지역	준공업지역	준공업지역	준공업지역	준공업지역	준공업지역
용적률 산정용 연면적	1,065.3평	586평	877.2평	185.9평	253.47평	983.25평
추정 용적률	91.1%	102.9%	96.5%	83.8%	71.2%	115.7%
세대 평균 대지지분	17.72평	17.26평	16.83평	18.48평	22.25평	15.74평
2020년 평당 개별공시지가	16,033,057원	15,537,190원	16,545,454원	16,390,082원	15,798,347원	16,297,520원
세대 평균 대지가액	284,105,770원	268,171,899원	278,459,991원	302,888,715원	351,513,221원	256,522,965원
추정 대지가액	473,509,617원	446,953,166원	464,099,985원	504,814,526원	585,855,368원	427,538,275원
성수역 3번 출구까지 최단거리	800m	900m	930m	930m	930m	850m

▶ 3차는 추진위가 꾸려진 상태로 조합설립을 위한 80% 동의가 이뤄졌다는 내용의 플래카드가 걸려 있다(2020년 3월 기준). 정안맨션 중에서 가장 규모가 큰 게 강점이다. 경서중학교 운동장과 접하지만 북쪽 방향인 것이 아쉽고, 일방통행로와 접해 있어 접도 조건이 좋다고는 볼 수 없다.

▶ 8차는 3차와 붙어 있지만 같이 무언가를 진행하지는 않는 것으로 보인다. 정안맨션 중 뚝섬로 접근은 가장 좋다. 세로로 길쭉한 토지 형태로 향후 채광과 조망에서 단점이 될 수 있다.

▶ 6차는 3개의 가로구역으로 나눠져 있다. 몸통이 되는 가장 큰 구역(1~4동)은 괜찮지만, 5·6동은 통합 개발에 대한 논의가 이뤄지고 있는지 확인해 봐야 한다.

▶ 7차는 위치와 규모가 무난하다. 다른 단지들과 마찬가지로 일방통행로와 접한 것은 단점이다.

경수중학교 남쪽과 동쪽을 빙 둘러싼 정안맨션 3·8·6·7차

정안맨션 6차

7차

1차는 재건축 완료!

경수중학교

6차 1~4동

3차

6차 6동

6차 5동

뚝섬코

8차

NAVER

홍익빌라·홍익주택 1차

 성동구 성수동2가 268-4/268-5 　 2호선 성수역 3번 출구 700m

▶ 서쪽으로 경수초등학교, 남쪽으로 경수중학교를 접하고 있다. 향후 채광이나 조망에서 메리트가 있는 반면, 일방통행로로 둘러싸여 있다는 약점도 있다.

▶ 1990년에 준공된 홍익주택 2차(성수동2가 268-2)와 접해 있는데 1989년에 지어진 1차와 달리 2차는 지하층까지 총 4개층으로 분양되어 대지지분이 1차에 비해 떨어질 수밖에 없다. 80년대 연립주택과 90년대 연립주택의 차이를 보여주는 예다.

▶ 2018년 상반기, 두 달의 시차를 두고 홍익빌라(대지지분 54.75㎡)는 5억 800만원에, 홍익주택 1차(대지지분 52.84㎡)는 4억 500만원에 거래되었다. 공급 25평/전용 17평으로 거주면적이 동일하고 대지지분 또한 채 1평도 차이나지 않지만, 거래가는 1억 300만원이나 차이가 난다.★

준공년도	1989년	추정 용적률	116.6%
세대수	30세대	세대 평균 대지지분	16.21평
대지면적	1,608㎡(486.4평)	2020년 평당 개별공시지가	16,545,454원
용도지역	준공업지역	세대 평균 대지가액	268,201,809원
용적률 산정용 연면적	567평	추정 대지가액	447,003,016원

거주면적, 대지지분이 비슷한 홍익빌라와 홍익주택

★　연립주택은 거래사례가 드문 만큼 거래별 가격 차이가 큰 경우가 많다. 매도자·매수자 우위, 급매 여부, 매물이 몇 개 있느냐 등에 따라 격차가 상당한 만큼 인내와 용기, 그리고 눈치가 필요하다.

신안맨숀 · 창수연립

 성동구 성수동2가   2호선 성수역 3번 출구 780~800m

▶ 신안맨숀 A동과 창수연립은 필지가 붙어 있다. 각각 대지면적이 261평, 446평으로 그리 크지 않은 만큼 의견을 합해 700평대로 통합 개발하는 것이 상호 이득일 것이다.

▶ 인근에 신안맨숀 B동도 있지만 가로구역이 분리되어 있고 대지도 협소하다.

	신안맨숀 A동	창수연립	신안맨숀 B동
주소	성수동2가 269-207	성수동2가 255-3	성수동2가 269-205
준공년도	1983년	1980년	1983년
세대수	15세대	24세대	6세대
대지면적	863㎡(261.1평)	1,476㎡(446.5평)	350㎡(105.9평)
용도지역	준공업지역	준공업지역	준공업지역
용적률 산정용 연면적	232.65평	355.8평	103.5평
추정 용적률	89.1%	79.7%	97.8%
세대 평균 대지지분	17.40평	18.60평	17.65평
2020년 평당 개별공시지가	15,242,975원	15,808,264원	15,808,264원
세대 평균 대지가액	265,227,765원	294,033,710원	279,015,860원
추정 대지가액	442,046,275원	490,056,184원	465,026,433원
성수역 3번 출구까지 최단거리	800m	780m	800m

2019년 12월 방문했을 때 붙어 있던 재건축사업 설명회 개최 공고문이다. 두 연립의 통합 개발 논의가 이뤄지고 있다.

성수1구역 주택재건축
유성·(구)부용·부용·민락

 성동구 성수동1가　　 2호선 뚝섬역 1번 출구 300~410m

▶ 중랑천 인근에 위치한 성수1구역 주택재건축 구역이다. 트리마제 주상복합 옆의 한강변 '성수전
략정비구역' 1구역과 혼동하는 일이 없도록 하자.

▶ 이 4개 연립과 왼쪽의 소형 주택가를 합쳐 200~300세대 규모로 재건축을 추진 중이다. 추진위
승인 상태로 현재 조합설립을 준비하는 단계다(2020년 4월 기준).

▶ 성수동인 만큼 저렴한 가격은 아니지만, 신축이 된다면 추가적인 상승 여지가 많다.

	유성연립	(구)부용연립	부용빌라	민락맨션
주소	성수동1가 656-372	성수동1가 656-1267	성수동1가 656-1264/-1741	성수동1가 656-1576
준공년도	1978년	1980년	1981년	1983년
세대수	20세대	34세대	24세대	30세대
대지면적	1,561㎡(472.2평)	2,281㎡(690평)	1,474㎡(445.9평)	1,570㎡(474.9평)
용도지역	준공업지역	준공업지역	준공업지역	준공업지역
용적률 산정용 연면적	285평	521평	357.4평	426.6평
추정 용적률	60.4%	75.5%	80.2%	89.8%
세대 평균 대지지분	23.61평	20.29평	18.58평	15.83평
2020년 평당 개별공시지가	20,495,867원	18,076,032원	20,085,950원	18,446,280원
세대 평균 대지가액	483,907,420원	366,762,689원	373,196,951원	292,004,612원
추정 대지가액	806,512,366원	611,271,149원	621,994,918원	486,674,354원
뚝섬역 1번 출구까지 최단거리	370m	300m	370m	410m

위쪽 사진은 재건축 심의 통과 플래카드가 걸려 있는 부용빌라, 오른쪽은 유성연립. 70년대에 지어진 유성연립의 용적률은 약 60%에 불과하다.

미성빌라

044

 성동구 마장동 793-22/793-23　　 5호선 마장역 4번 출구 160m

▶ 5호선 마장역에서 도보 2분이면 닿는 초역세권 입지를 자랑한다.

▶ 미성빌라가 속한 오각형 모양의 가로구역 면적은 약 12,000㎡로 1만㎡를 초과해 공공성 요건을 충족해야 가로주택정비사업을 고려할 수 있다.

준공년도	1984년	추정 용적률	96.8%
세대수	36세대	세대 평균 대지지분	22.48평
대지면적	2,675.2㎡(809.2평)	2020년 평당 개별공시지가	14,598,347원
용도지역	제2종 일반주거지역	세대 평균 대지가액	328,170,841원
용적률 산정용 연면적	783평	추정 대지가액	546,951,401원

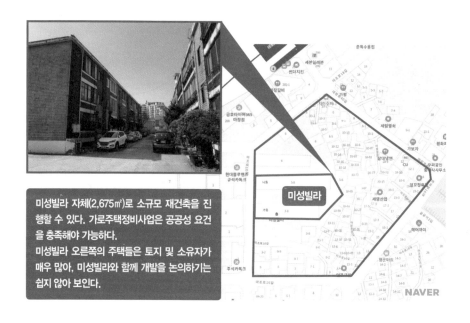

미성빌라 자체(2,675㎡)로 소규모 재건축을 진행할 수 있다. 가로주택정비사업은 공공성 요건을 충족해야 가능하다.
미성빌라 오른쪽의 주택들은 토지 및 소유자가 매우 많아, 미성빌라와 함께 개발을 논의하기는 쉽지 않아 보인다.

명성연립 가·나동

 성동구 마장동 783-4/783-9   5호선 마장역 3번 출구 90m

▶ 다동까지 있으나, 가·나동과 다동(마장동 783-3) 사이에 공장이 끼어 있다. 블록 전체가 함께 개발될 수도, 공장을 포함해 가~다동이 함께 개발될 수도, 모두 따로 개발될 수도 있다.

▶ 마장동 대단지 구축인 세림아파트 단지와 길 하나를 사이에 두고 마주보고 있다.

준공년도	1982년	추정 용적률	94.4%
세대수	36세대	세대 평균 대지지분	17.34평
대지면적	2,063.8㎡(624.3평)	2020년 평당 개별공시지가	17,421,487원
용도지역	제2종 일반주거지역	세대 평균 대지가액	302,088,585원
용적률 산정용 연면적	589.6평	추정 대지가액	503,480,974원

명성연립 두 동 사이로 보이는 낮은 연립주택(주황색 지붕)이 흥일연립, 그 뒤가 세림아파트

흥일연립

046

 성동구 마장동 784-1/784-2　 5호선 마장역 3번 출구 200m

▶ 세림아파트와 같은 블록에 위치한 두 동 규모의 연립이다.

▶ 용도지역(제3종 일반주거지역)은 맞은편 명성연립(제2종 일반주거지역)에 비해 우위이다.

준공년도	1982년	추정 용적률	97.9%
세대수	30세대	세대 평균 대지지분	15.80평
대지면적	1,567㎡(474평)	2020년 평당 개별공시지가	20,049,586원
용도지역	제3종 일반주거지역	세대 평균 대지가액	316,783,459원
용적률 산정용 연면적	464평	추정 대지가액	527,972,431원

흥일연립

세림아파트와 같은
가로구역 안에 붙어 있다.

세림아파트

미성빌라

047

 성동구 마장동 767-56　　 5호선 마장역 2번 출구 410m

▶ 주머니형 토지로 부지와 도로가 접한 폭이 좁다. 재건축시 빠듯하겠지만 차량이 양방향으로 출입할 수 있는 정도는 된다.

▶ 청계천과 접하고 있어 재건축이 된다면 조망이 좋을 것으로 예상된다.

▶ 인근의 마장교를 건너 2호선 신답역도 도보로 이용할 수 있다.

▶ 160쪽 미성빌라(성동구 마장동 793-22)와 이름이 같으니 혼동하지 말자.

준공년도	1985년	추정 용적률	87.6%
세대수	36세대	세대 평균 대지지분	25.44평
대지면적	3,028㎡(916평)	2020년 평당 개별공시지가	11,206,611원
용도지역	제3종 일반주거지역	세대 평균 대지가액	285,096,184원
용적률 산정용 연면적	802.7평	추정 대지가액	475,160,306원

도로와 접한 폭이 좁은 주머니형 토지다. 주머니형 토지는 재건축시 차량 출입로에 대한 많은 고민이 필요하다.

서울
동북권 III

중랑
광진

- 부동산 정책에 따라 시시각각 조건이 달라질 수 있으므로, 투자 전 꼼꼼한 검토가 필요하다.
- 연립주택은 매물이 적어 매매가, 호가의 변동폭이 큰 편이므로 인근 부동산중개사무소를 방문해 정확한 정보를 알아보자.
- 가로주택정비사업은 수도권 주택공급의 한 축으로 다양한 제도적 혜택을 받고 있다.
- 가로주택정비사업 시행 가능 여부는 다양한 요건과 상황, 승인권자의 해석에 따라 달리 판단될 수 있으므로 관할 구청 주택과나 SH공사를 통한 개별적 확인이 필요하다.

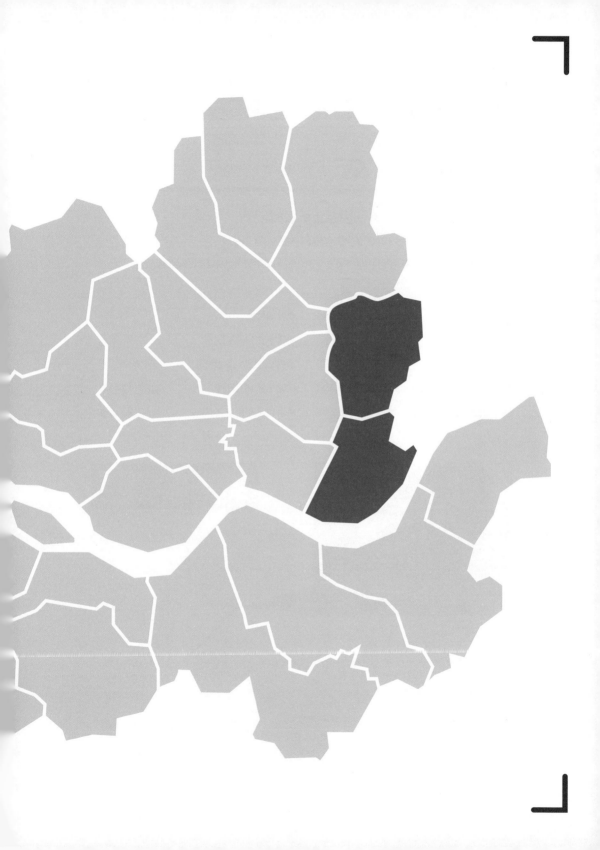

면목우성타운

048

 중랑구 면목동 340-3   7호선 용마산역 1번 출구 680m

▶ 86년 준공이라는 게 믿어지지 않을 정도로 잘 관리되고 있다.

▶ 2020년 1월 실거래가는 4억 200만원이다(대지지분 28평 기준).

▶ 면목동에 있는 또 다른 우성주택(면목동 173-2)은 가로주택정비사업 착공 상태다.

준공년도	1986년	추정 용적률	98.4%
세대수	18세대	세대 평균 대지지분	27.52평
대지면적	1,637.7㎡(495.4평)	2020년 평당 개별공시지가	10,581,818원
용도지역	제2종 일반주거지역	세대 평균 대지가액	291,211,631원
용적률 산정용 연면적	487.24평	추정 대지가액	485,352,719원

면목동에 또 다른 우성주택(면목동 173-2)이 있으니 혼동하지 말자.

중화우성타운

 중랑구 중화동 195-2 　 7호선 중화역 2번 출구 430m

▶ 대단지(조사대상 중 7위)이면서, 세대 평균 대지지분도 30평대로 넓다(조사대상 중 4위).

▶ 80년대에 준공된 주택임에도 지하주차장까지 갖춘 고급 컨셉의 연립이다.

▶ 길 건너 세광하니타운(중화동 296-44)은 가로주택정비사업을 통해 재건축될 예정이다(시공사는 라온건설이다. 중화우성타운은 동일로에서 곧바로 진입이 가능한 데 비해, 세광하니타운은 동일로에서 동일로12길로 들어온 후에야 진출입이 가능해 접도 요건이 다소 아쉽다).

준공년도	1986년	추정 용적률	100.6%
세대수	98세대	세대 평균 대지지분	32.01평
대지면적	10,371㎡(3,137.2평)	2020년 평당 개별공시지가	10,985,124원
용도지역	제3종 일반주거지역	세대 평균 대지가액	351,633,819원
용적률 산정용 연면적	3,154.94평	추정 대지가액	586,056,365원

단지 안내도가 필요할 정도로 규모가 큰 중화우성타운

가로주택정비사업을 진행 중인 세광하니타운

167

이화주택

 중랑구 중화동 122/123　 7호선 · 경의중앙선 · 경춘선 상봉역 7번 출구 500m

▶ 총 3개동이며 필지가 둘로 나누어졌다(가동/나 · 다동).

▶ 인접한 대명연립(중화동 1-1), 삼보연립(중화동 126)은 현재 가로주택정비사업 관리처분인가
(2019년 7월)를 받았으나 시공사 교체, 이주비 대출 등의 이슈로 사업이 지연되고 있다. 끝날
때까지는 끝난 게 아니다.

이화주택	가동	나 · 다동
주소	중화동 122	중화동 123
준공년도	1983년	1983년
세대수	30세대	27세대
대지면적	2,342㎡(708.45평)	2,034㎡(615.3평)
용도지역	제2종 일반주거지역	제2종 일반주거지역
용적률 산정용 연면적	547.59평	518.89평
추정 용적률	77.2%	84.3%
세대 평균 대지지분	23.62평	22.79평
2020년 평당 개별공시지가	9,930,578원	10,347,107원
세대 평균 대지가액	234,560,252원	235,810,569원
추정 대지가액	390,933,754원	393,017,614원
상봉역 7번 출구까지 최단거리	500m	500m

금강주택

 중랑구 상봉동 50-1   경의중앙선 망우역 1번 출구 150m

▶ GTX B 노선(망우역)이 예정되어 있다.

▶ 서울에 3곳뿐인 코세권(코스트코 인근)이자 이마트, CGV, 상봉터미널, 홈플러스 등이 슬세권
(슬리퍼 생활권) 거리에 있다.

준공년도	1981년	추정 용적률	89.6%
세대수	30세대	세대 평균 대지지분	21.02평
대지면적	2,084㎡(630.5평)	2020년 평당 개별공시지가	11,583,471원
용도지역	준주거지역	세대 평균 대지가액	243,484,560원
용적률 산정용 연면적	565.08평	추정 대지가액	405,807,601원

큰 대지지분의 초역세권 준주거지역
연립주택. 무엇이 더 필요할까!

169

상봉연립

 중랑구 상봉동 50-49 경의중앙선 망우역 1번 출구 300m

▶ 금강주택(169쪽)과 같은 블록에 위치한 2층짜리 70년대 연립주택이다.

▶ 금강주택에 비해 다소 외지고 대지 모양이 난해하다.

▶ GTX B 노선(망우역)이 예정되어 있다.

준공년도	1978년	추정 용적률	75.2%
세대수	26세대	세대 평균 대지지분	21.32평
대지면적	1,832.2㎡(554.2평)	2020년 평당 개별공시지가	11,348,760원
용도지역	준주거지역	세대 평균 대지가액	241,955,563원
용적률 산정용 연면적	417.04평	추정 대지가액	403,259,272원

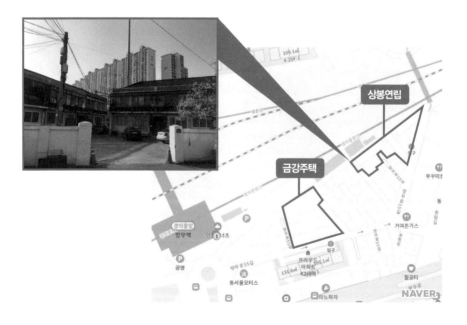

신일연립

 중랑구 신내동 482-1　　 경의중앙선 망우역 2번 출구 800m

▶ 실거래가는 1억대 후반이다. 2020년 4월, 1억 9천만원에 실거래되었다(대지지분 14.8평 기준).

▶ 신일연립 3동(신내동 482-5)은 다른 가로구역에 속해 있어 분석에서 제외했다.

▶ GTX B 노선(망우역)이 예정되어 있다.

준공년도	1988년	추정 용적률	112.1%
세대수	48세대	세대 평균 대지지분	13.31평
대지면적	2,112㎡(638.9평)	2020년 평당 개별공시지가	9,289,256원
용도지역	제3종 일반주거지역	세대 평균 대지가액	123,639,997원
용적률 산정용 연면적	716.13평	추정 대지가액	206,066,662원

3동은 대지가 따로 떨어져 있다.

신일빌라

054

🏢 중랑구 망우동 238-2   🚇 경의중앙선 양원역 2번 출구 190m

▶ 실거래가는 2억대 중반이다. 2020년 2월, 2억 7,200만원에 실거래되었다(대지지분 18.37평 기준).

▶ 신일빌라와 접하고 있는 개나리아파트와 대보아파트는 80년대에 준공된 저층 아파트 단지로 통합 개발도 기대해 볼 수 있겠다.

준공년도	1990년	추정 용적률	101.2%
세대수	42세대	세대 평균 대지지분	17.47평
대지면적	2,426㎡(733.9평)	2020년 평당 개별공시지가	9,692,562원
용도지역	제2종 일반주거지역	세대 평균 대지가액	169,329,058원
용적률 산정용 연면적	742.43평	추정 대지가액	282,215,097원

초·중·고등학교가 근처에 있다.

신향빌라

055

 광진구 중곡동 18-24   7호선 중곡역 1번 출구 320m

▶ 156세대의 대단지 연립주택이다(조사대상 중 5위).

▶ 지하주차장이 있어서 지상 조경이 아름다우며, 관리가 매우 잘되고 있다.

▶ 대원외고와 도보로 200m 떨어져 있어, 재건축 후 전세 수요도 많을 것이다.

준공년도	1986년	추정 용적률	88.9%
세대수	156세대	세대 평균 대지지분	28.66평
대지면적	14,779.4㎡(4,470.8평)	2020년 평당 개별공시지가	12,862,809원
용도지역	제2종 일반주거지역	세대 평균 대지가액	368,648,106원
용적률 산정용 연면적	3,976.48평	추정 대지가액	614,413,510원

지하주차장 계단을 통해 개별 세대로 바로 올라갈 수 있다. 전반적인 단지 관리도 잘되고 있어 실거주 투자에도 적합하다.

용마맨션

056

 광진구 중곡동 18-25   7호선 중곡역 1번 출구 270m

▶ 용마산로 대로변에 위치한다. 뒤로는 신향빌라와 접한다.

▶ 호텔 진입로 같은 주차 방식을 가진 개성 넘치는 연립주택이다.

준공년도	1981년	추정 용적률	84.0%
세대수	24세대	세대 평균 대지지분	23.52평
대지면적	1,865.8㎡(564.4평)	2020년 평당 개별공시지가	13,537,190원
용도지역	제2종 일반주거지역	세대 평균 대지가액	318,394,709원
용적률 산정용 연면적	474.18평	추정 대지가액	530,657,848원

용마산로에서 바로 진입이 가능하다.
용곡초등학교, 용곡중학교, 대원고,
대원여고, 대원외고가 매우 가깝다.

경동그린맨션

057

 광진구 자양동 553-517   2·7호선 건대입구역 5번 출구 460m

▶ 건국대학교, 이마트, 롯데시네마, 롯데백화점, 광진문화예술회관 등 대부분의 편의시설이 도보
  권이며, 강변북로와 올림픽대로 접근도 용이하다.

▶ 번화가 틈에 있음에도 제2종 일반주거지역이라는 점이 아쉽다.

준공년도	1983년	추정 용적률	88.8%
세대수	48세대	세대 평균 대지지분	17.11평
대지면적	2,715㎡(821.3평)	2020년 평당 개별공시지가	16,512,396원
용도지역	제2종 일반주거지역	세대 평균 대지가액	282,527,096원
용적률 산정용 연면적	729.52평	추정 대지가액	470,878,493원

경동그린맨션 뒤로 높은 빌딩이 보인다. 초고층 주상복합 빌딩이 즐비한 건대입구역 도보권에 이런 연립주택이 남아 있다.

동익연립

 광진구 자양동 200/200-2   7호선 뚝섬유원지역 4번 출구 730m

▶ 70년대에 지어진 2층 연립으로 필지가 두 개로 나눠져 있다.

▶ 소규모 재건축을 추진 중(조합설립인가 상태)인 성화빌라(자양동 199-2)와 바로 붙어 있다.

준공년도	1979년	추정 용적률	80.0%
세대수	50세대	세대 평균 대지지분	19.39평
대지면적	3,205㎡(969.5평)	2020년 평당 개별공시지가	14,267,768원
용도지역	제2종 일반주거지역	세대 평균 대지가액	276,652,022원
용적률 산정용 연면적	775.92평	추정 대지가액	461,086,703원

내가 투자한 연립 주변의 연립이 가로주택정비사업이나 소규모 재건축을 앞장서 추진하는 것은 배 아파할 일이 아니다. 시세를 이끄는 것은 물론, 알아서 매수세를 물어다주기도 한다.

동부파크빌라·동부아트빌라

 광진구 자양동 768-1/768-2   2호선 구의역 1번 출구 600m

▶ 자양로에서 시작되는 완만한 오르막의 끝자락에 위치한다.

▶ 마치 한 단지처럼 두 연립이 붙어 있으며, 동부파크빌라 왼쪽으로 건국대와도 경계를 접한다.

▶ 두 연립 모두 3억원대 중반에 실거래되었다(2019~2020년 기준).

준공년도	1990년	추정 용적률	115.8%
세대수	36세대	세대 평균 대지지분	17.60평
대지면적	2,094.2㎡(633.5평)	2020년 평당 개별공시지가	13,338,842원
용도지역	제2종 일반주거지역	세대 평균 대지가액	234,763,619원
용적률 산정용 연면적	733.74평	추정 대지가액	391,272,699원

낮은 경사 지형의 고저차를 잘 활용해
지하주차장을 만든 동부아트빌라

동부연립

060

 광진구 구의동 251-14   2호선 구의역 1번 출구 630m

▶ 70년대에 지어진 2층 연립주택으로 세대 평균 대지지분이 크다.

▶ 세대수가 16세대이기 때문에 동부연립 단독으로는 가로주택정비사업을 추진하기 어렵다(20세대 이상 추진 가능).

준공년도	1978년	추정 용적률	77.3%
세대수	16세대	세대 평균 대지지분	28.40평
대지면적	1,502.4㎡(454.5평)	2020년 평당 개별공시지가	14,376,859원
용도지역	제3종 일반주거지역	세대 평균 대지가액	408,302,796원
용적률 산정용 연면적	351.28평	추정 대지가액	680,504,659원

동 간격이 특히 여유롭다. 대지지분도 28.4평으로
매우 크다(조사대상 중 8위).
뒤편의 높은 건물들이 연립의 사업성을 말해 준다.

자양현대빌라

 광진구 자양동 694-2　　 2호선 강변역 4번 출구 530m

▶ 대각선 방향에 위치한 한양연립(광진구 구의동 592-39)은 가로주택정비사업으로 재건축을 진행하고 있다. 시공사는 현대산업개발이다.

▶ 한창빌라(180쪽)와 같은 블록에 있다.

준공년도	1985년	추정 용적률	89.9%
세대수	30세대	세대 평균 대지지분	26.18평
대지면적	2,596㎡(785.3평)	2020년 평당 개별공시지가	14,459,504원
용도지역	제2종 일반주거지역	세대 평균 대지가액	378,549,815원
용적률 산정용 연면적	705.84평	추정 대지가액	630,916,358원

빌라 이름에 들어가는 '현대'는 우리가 아는 그 현대건설이 맞다. 80년 내에는 년립주택도 대기업의 주요 사업이었다.

한창빌라

 광진구 자양동 694/694-3/694-4　　 2호선 강변역 4번 출구 550m

▶ 자양현대빌라(179쪽)와 같은 블록에 있다.

▶ 성동초등학교, 광진중학교가 매우 가깝다.

▶ 인근 한양연립(광진구 구의동 592-39)은 가로주택정비사업을 본격 추진하면서 실거래가 및 호
　가가 치솟고 있다. 사업이 진척될수록 자양현대빌라와 한창빌라에도 그 영향이 전해질 것이다.

준공년도	1983년	추정 용적률	98.2%
세대수	36세대	세대 평균 대지지분	18.93평
대지면적	2,252.8㎡(681.5평)	2020년 평당 개별공시지가	14,459,504원
용도지역	제2종 일반주거지역	세대 평균 대지가액	273,718,411원
용적률 산정용 연면적	669.39평	추정 대지가액	456,197,351원

왼쪽 붉은 벽돌건물이 자양현대빌라,
오른쪽 화강암 마감 연립이 한창빌라.
그 뒤로 보이는 알록달록한 건물은
성동초등학교다.

미도빌라

063

 광진구 광장동 266   5호선 광나루역 1번 출구 400m

▶ 2020년 4월과 6월, 3억 4천만원에 실거래되었다(대지지분 약 12평 기준).

▶ 유천빌라(광장동 264-1)와 붙어 있다. 유천빌라는 세대 평균 대지지분이 40평 이상인 고급 빌라로 소규모 재건축 사업을 추진하고 있다. 유천빌라의 재건축 추이에 따라 미도빌라 시세도 오를 확률이 높다.

▶ 광장로1길을 사이에 두고 마주보는 동부빌라(광장동 394-1)와 현대빌라(광장동 355-2)는 제1종 일반주거지역이라 분석에서 제외했다.

준공년도	1986년	추정 용적률	118.9%
세대수	84세대	세대 평균 대지지분	12.26평
대지면적	3,405㎡(1,030평)	2020년 평당 개별공시지가	12,793,388원
용도지역	제2종 일반주거지역	세대 평균 대지가액	156,846,937원
용적률 산정용 연면적	1,224.83평	추정 대지가액	261,411,561원

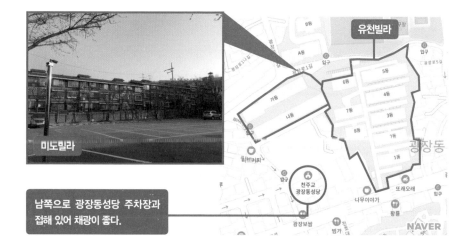

미도빌라

유천빌라

남쪽으로 광장동성당 주차장과 접해 있어 채광이 좋다.

실천
마당
⑤

서울
동남권

강동
강남
동작

- 부동산 정책에 따라 시시각각 조건이 달라질 수 있으므로, 투자 전 꼼꼼한 검토가 필요하다.
- 연립주택은 매물이 적어 매매가, 호가의 변동폭이 큰 편이므로 인근 부동산중개사무소를 방문해 정확한 정보를 알아보자.
- 가로주택정비사업은 수도권 주택공급의 한 축으로 다양한 제도적 혜택을 받고 있다.
- 가로주택정비사업 시행 가능 여부는 다양한 요건과 상황, 승인권자의 해석에 따라 달리 판단될 수 있으므로 관할 구청 주택과나 SH공사를 통한 개별적 확인이 필요하다.

세경주택

 강동구 성내동 179 5호선 강동역 3번 출구 50m

▶ 엎어지면 강동역이다.

▶ 많은 것을 갖춘 만큼 가격이 싸지는 않다. 동일 타입의 실거래가가 2018년 1월 5억 3천만원에서 2019년 10월 7억 9,500만원으로 상승해, 20개월 만에 50% 올랐다.

준공년도	1985년	추정 용적률	87.6%
세대수	33세대	세대 평균 대지지분	21.26평
대지면적	2,319㎡(701.5평)	2020년 평당 개별공시지가	14,548,760원
용도지역	제3종 일반주거지역	세대 평균 대지가액	309,306,638원
용적률 산정용 연면적	614.6평	추정 대지가액	515,511,063원

역 근처 상가들과 맞닿아 있다.

▶ 세경주택 부지는 제3종 일반주거지역이지만 동일 가로구역의 인접한 대로변 단층 건물(성내동 180-13)은 근린상업지역이다. 이 건물이 2018년에 평당 5천만원 조금 넘는 가격으로 손바뀜이 있었다(125.8억, 대지 약 250평). 매도 주체는 SK네트웍스이고, 매수 주체는 중견 건설기업으로 알려져 있다. 건설사가 세경주택까지 염두에 두고 해당 부지를 매입했는지는 알 수 없다.

현대빌라

 강남구 개포동 1185/1185-6　　 비역세권

▶ 2020년 6월, 8억 2,500만원에 실거래되었다(대지지분 22.5평 기준). 주변 아파트 시세나 대지지분을 고려했을 때 비싸다고 할 수 없는 가격이다.

▶ 현대빌라가 포함된 가로구역 면적은 약 2,800㎡로 가로주택정비사업을 진행하기에 적합하다.

준공년도	1990년	추정 용적률	118.7%
세대수	30세대	세대 평균 대지지분	23.56평
대지면적	2,336.3㎡(706.7평)	2020년 평당 개별공시지가	17,166,942원
용도지역	제2종 일반주거지역	세대 평균 대지가액	404,453,154원
용적률 산정용 연면적	839.16평	추정 대지가액	674,088,589원

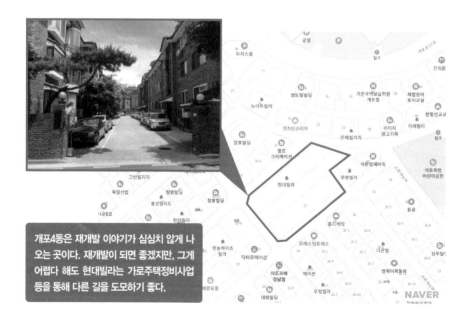

개포4동은 재개발 이야기가 심심치 않게 나오는 곳이다. 재개발이 되면 좋겠지만, 그게 어렵다 해도 현대빌라는 가로주택정비사업 등을 통해 다른 길을 도모하기 좋다.

도곡현대연립

 강남구 도곡동 516-1   3호선 매봉역 4번 출구 470m

▶ 현대건설이 시공한 연립주택으로, 지하주차장을 갖추고 있다.

▶ 2018년에 4건의 거래(7억대 후반)가 마지막으로, 현재까지 거래 자체가 없다.

준공년도	1987년	추정 용적률	103.0%
세대수	21세대	세대 평균 대지지분	26.41평
대지면적	1,833.5㎡(554.6평)	2020년 평당 개별공시지가	21,345,454원
용도지역	제2종 일반주거지역	세대 평균 대지가액	563,733,440원
용적률 산정용 연면적	571.39평	추정 대지가액	939,555,734원

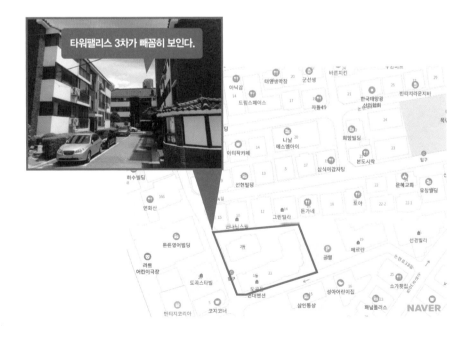

타워팰리스 3차가 빼꼼히 보인다.

유성빌라

 동작구 사당동 249-2/249-64 7호선 남성역 2번 출구 120m

▶ 제3종 일반주거지역의 대지지분 넓은 연립주택이다.

▶ 지하철 환풍기 민원이 발생할 정도로 지하철역과 가깝다.

▶ 연립주택이 위치한 지번(사당동 249-2) 외에 외필지(사당동 249-64)가 있다. 대지면적과 대지
  지분 등을 계산할 때는 외필지 면적을 합해야 한다.

준공년도	1983년	추정 용적률	83.0%
세대수	24세대	세대 평균 대지지분	25.33평
대지면적	2,010㎡(608평)	2020년 평당 개별공시지가	12,317,355원
용도지역	제3종 일반주거지역	세대 평균 대지가액	311,998,602원
용적률 산정용 연면적	504.64평	추정 대지가액	519,997,670원

유성빌라(사당동 249-2)

외필지(사당동 249-64)

남성역 2번 출구에서 120m 떨어진
유성빌라. 지하철 노선 중에서도 강남
지역을 관통하는 2, 3, 7, 9호선은 특
히 선호도가 높다.

건물에 딸린 땅, 외필지 확인하는 법

한 연립이 여러 필지로 구성된 경우에는 건축물대장을 뽑아 지번을 살펴보자. 지번이 여러 개라면 '외필지'가 명시된다. 일사편리는 물론 부동산 앱 디스코에서도 외필지 여부와 몇 개의 필지가 포함되는지 쉽게 알아볼 수 있다.

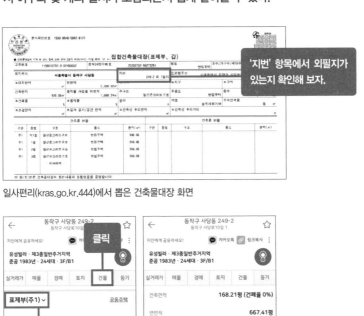

일사편리(kras.go.kr.444)에서 뽑은 건축물대장 화면

부동산 앱 디스코 화면

태건하이츠빌라

 동작구 상도동 159-278　　 7호선 상도역 2번 출구 270m

▶ 상도역 초역세권이지만, 상도지하차도를 통과해야 하는 단점이 있다.

▶ 2020년 4월, 3억 4,200만원에 실거래되었다.

▶ 상도역 롯데캐슬 바로 맞은편이다.

준공년도	1986년	추정 용적률	119.6%
세대수	24세대	세대 평균 대지지분	20.14평
대지면적	1,598㎡(483.4평)	2020년 평당 개별공시지가	13,884,297원
용도지역	제2종 일반주거지역	세대 평균 대지가액	279,629,742원
용적률 산정용 연면적	578.28평	추정 대지가액	466,049,569원

지역주택조합 방식 재건축을 추진하고 있다는 플래카드가 걸려 있다. 맞은편 상도역 롯데캐슬도 지역주택조합 방식으로 재건축된 곳이다. 통합 개발로 대형 아파트 단지가 되면 좋지만, 혹여 계획이 틀어지더라도 80년대 연립주택은 스스로 도생할 가치를 내재하고 있다.

성도빌라

069

 동작구 대방동 336-2   7호선 신대방삼거리역 1번 출구 30m

▶ 지하철역 출구와의 거리가 30미터로 엎어지면 코 닿는 거리다.

▶ 아쉬운 점이라면 간선도로인 '상도로'와 접하는 폭이 좁다는 것이다.

준공년도	1983년	추정 용적률	88.1%
세대수	18세대	세대 평균 대지지분	23.78평
대지면적	1,415㎡(428평)	2020년 평당 개별공시지가	19,461,156원
용도지역	근린상업지역	세대 평균 대지가액	462,786,290원
용적률 산정용 연면적	376.92평	추정 대지가액	771,310,483원

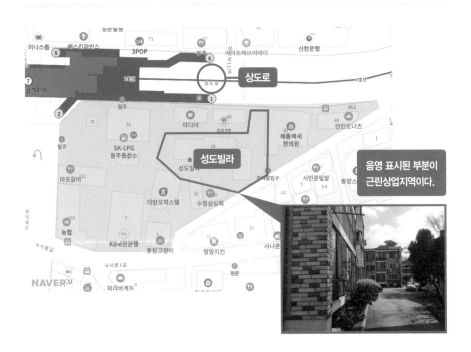

음영 표시된 부분이 근린상업지역이다.

191

은하맨션

070

 동작구 노량진동 84-24   1 · 9호선 노량진역 3번 출구 180m

▶ 존치 결정으로 노량진 재개발구역에 포함되지 않는다.

▶ 노량진 고시촌 인근으로 노후도에 비해 임대 수요가 큰 편이다.

▶ 접한 도로가 좁은 것은 약점이다.

준공년도	1978년	추정 용적률	80.0%
세대수	32세대	세대 평균 대지지분	28.25평
대지면적	2,988㎡(903.9평)	2020년 평당 개별공시지가	17,748,760원
용도지역	제3종 일반주거지역	세대 평균 대지가액	501,402,470원
용적률 산정용 연면적	723.21평	추정 대지가액	835,670,783원

용도지역은 제3종 일반주거지역,
세대 평균 대지지분은 28.25평이다.

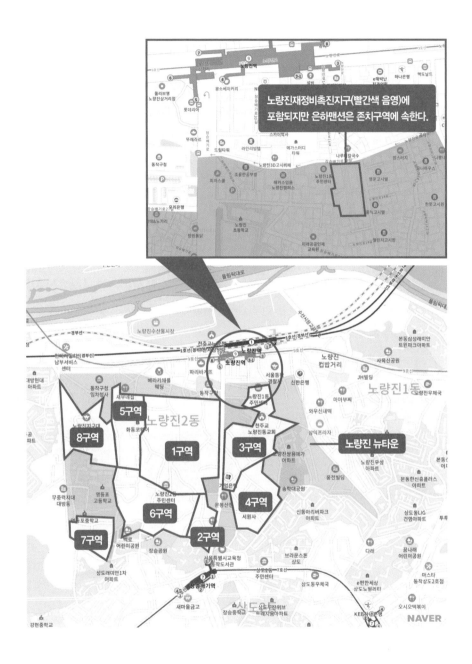

🏠 매물이 귀한 상업지역 연립주택

서울시내 상업지역에 지어진 80년대 연립주택은 거의 사라졌다 해도 과언이 아니다. 강서구청 사거리(강서구 등촌동 656-35 일원)에 위치했던 세림주택, 오성연립, 청기와주택 등은 현재 주상복합 아파트 단지(등촌 두산위브)로 재건축 중이고, 선릉역 역세권의 선능빌라(강남구 삼성동 140-32 일원)는 일괄 매도가 이뤄져 빈집 상태다. 위치를 고려할 때 사옥용 건물이나 오피스 빌딩이 지어질 것으로 예상된다.

김포공항 인근의 공작빌라(강서구 방화동 612-152 일원)는 도심형 생활주택이나 오피스텔 건축을 위해 두 동 중 한 동은 이미 헐려 주차장으로 사용 중이고, 나머지 한 동역시 많은 세대의 이주가 이뤄진 상태다.

공작빌라 가동 자리에 주차장을 운영 중이다.　　삼성동 선능빌라는 이주가 끝난 것으로 보인다.

바로 앞에서 살펴본 성도빌라(191쪽) 매물을 접할 확률은 그다지 높지 않다. 다만 상업지역의 연립주택은 이런 느낌이라는 것을 보여줄 수 있는 연립이라는 점에서 조사대상에 넣어보았다.

2019년 11월에 대지지분 25.3평짜리 매물이 7억 5천만원에 거래되었다. 평당 약

3천만원에 거래된 셈인데, 서울 초역세권 상업지의 대지가격이 평당 3천만원이라면 바겐세일 수준이다.

상업지인 만큼 재건축을 통해 다시 공동주택이 들어설 확률은 높지 않을 것이다. 법인의 일괄 매입 등을 통해 오피스텔, 상업용 빌딩 등으로 재건축될 것으로 예상해 본다.

■ **서울시 주요 자치구 준주거지역 및 상업지역 현황**

자치구	전체면적(㎡)	준주거+상업(㎡)	비율(%)
중구	9,974,272	4,184,165	41.9
영등포구	24,354,829	3,531,981	14.5
종로구	23,972,507	3,136,384	13.1
동대문구	14,245,433	1,384,996	9.7
송파구	33,858,375	3,164,178	9.3
용산구	21,898,766	1,748,326	8.0
마포구	23,890,251	1,750,753	7.3
광진구	17,075,115	1,128,078	6.6
양천구	17,469,613	1,132,150	6.5
중랑구	18,531,520	1,186,569	6.4
서울시	605,598,289	38,442,656	6.3

(출처 : 서울시)

상업지역과 준주거지역을 모두 합해도 서울시 전체 면적의 6.3%에 불과하고, 준공업지역까지 포함해도 9.6%에 그친다.
그런 곳에 있는 연립주택은 어떠냐고?
당연히 귀하고 좋다.

**실천
마당
❻**

서울
서남권 I

금천
구로

- 부동산 정책에 따라 시시각각 조건이 달라질 수 있으므로, 투자 전 꼼꼼한 검토가 필요하다.
- 연립주택은 매물이 적어 매매가, 호가의 변동폭이 큰 편이므로 인근 부동산중개사무소를 방문해 정확한 정보를 알아보자.
- 가로주택정비사업은 수도권 주택공급의 한 축으로 다양한 제도적 혜택을 받고 있다.
- 가로주택정비사업 시행 가능 여부는 다양한 요건과 상황, 승인권자의 해석에 따라 달리 판단될 수 있으므로 관할 구청 주택과나 SH공사를 통한 개별적 확인이 필요하다.

현대빌라

071

 금천구 시흥동 982   1호선 석수역 1번 출구 550m

▶ 15개동으로 이뤄진 대단지 연립(조사대상 중 3위)으로, 향후 5~6동 규모 아파트 단지로 재건축 가능하다.

▶ 큰 대로와 철로에 둘러싸인 것이 단점이지만, 재건축 이후의 채광과 조망을 생각하면 오롯이 단점이라고만 볼 수는 없다.

▶ 1호선 석수역 역세권이며, 시흥대로를 통한 버스 이용도 편리하다. 1호선 석수역은 구로 분기점 이남으로 배차간격이 긴 편이라 불편함이 있지만, 향후에는 신안산선 급행역(환승역)이 예정돼 여의도역까지 10분대 후반이면 도달할 것으로 전망된다.

▶ 강남순환도시고속도로가 바로 맞은편에 위치해 사당이나 양재까지 빠르게 이동할 수 있으며, 서해안고속도로와도 붙어 있다.

▶ 시흥유통상가 역시 재건축 추진 움직임이 있는데, 현재 영업이 활발하게 이뤄지고 있는 유통단지인 만큼 근시일 내 유의미한 변화가 있을 것 같지는 않아 보인다.

▶ 현대빌라와 이웃하고 있는 대도연립(금천구 시흥동 983-13/983-15)은 소규모 재건축 조합이 설립되어, 시공사 선정을 앞두고 있다(2020년 4월 기준).

준공년도	1989년	추정 용적률	89.4%
세대수	330세대	세대 평균 대지지분	14.65평
대지면적	15,981.2㎡(4,834.3평)	2020년 평당 개별공시지가	10,066,115원
용도지역	준공업지역	세대 평균 대지가액	147,468,585원
용적률 산정용 연면적	4,321.63평	추정 대지가액	245,780,975원

총 15개동으로 이뤄진 대단지 연립주택, 현대빌라　　강남순환도시고속도로 진입로

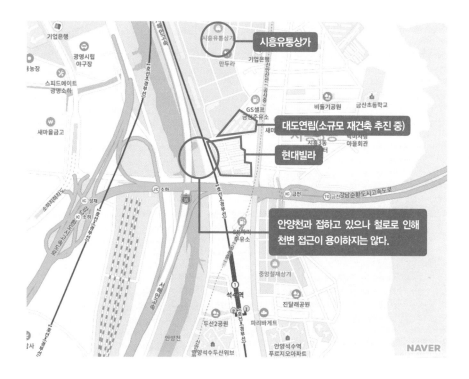

강호주택

072

🏠 금천구 시흥동 964-14   🚇 1호선 석수역 1번 출구 520m

▶ 신안산선* 석수역(급행)이 건설 중이다.

▶ 호암산 자락 끝에 지어진 연립주택이다.

▶ 강호주택이 위치한 시흥3동 박산마을에는 80년대 연립주택이 많이 남아 있다. 함께 둘러보자.

준공년도	1985년	추정 용적률	81.3%
세대수	48세대	세대 평균 대지지분	24.62평
대지면적	3,906.2㎡(1,181.6평)	2020년 평당 개별공시지가	7,375,206원
용도지역	제2종 일반주거지역	세대 평균 대지가액	181,577,572원
용적률 산정용 연면적	961.22평	추정 대지가액	302,629,286원

시흥3동 박산마을은 80년대 연립주택이 많이 남아 있어 마치 30년 전으로 시간 여행을 떠나온 기분마저 든다.

★   신안산선은 운행속도가 기존 전철보다 빠르며, 급행역 시스템도 갖춘 만큼 꼬마 GTX라고 부를 만하다.

연립주택 실거주를 위한 인테리어 팁

80년대에 지어진 모든 연립주택이 지은 지 30년이 넘은 오래된 집인 만큼 대부분의 경우, 많이 낡은 상태일 것이다. 현관문이 제대로 닫히지 않을 수도 있고, 옆집에서 요리하는 냄새가 부엌이나 화장실의 환기구를 따라 풍겨올 수도 있다. 싱크대에 기름때가 눅진하게 끼어 있을 수도 있고, 바닥 장판이 여기저기 뜯겨 있을 수도 있다.

도배와 장판은 기본이고 환기 계통, 화장실, 싱크대는 웬만하면 새로 고치고 들어가는 것이 낫다. 언제 재건축의 속도가 날지 모르므로 가장 실용적이고 단순한 옵션을 고를 것을 권한다. 이는 절대 사치가 아니며, 큰 결심을 한 당신의 심신에 바치는 최소한의 예우다. 설령, 중간에 집을 매도하더라도 투자한 수리 비용은 대부분 반영이 될 것이고, 임대를 놓을 때도 전세금이나 임대 유치 등에 이점이 있다.

필자의 친구가 매입해 실거주 중인 강서구 화곡동의 1984년식 연립주택. 약 1천만원을 들여 깔끔하게 수리했다.

대성연립

 금천구 독산동 302-5 　　 1호선 독산역 1번 출구 840m

▶ 매우 노후한 상태다.

▶ 빅마켓 및 홈플러스가 도보권이며, 신안산선 신독산역이 들어설 예정이다.

▶ 인근의 공단연립(금천구 독산동 335-4)도 함께 둘러보자.

준공년도	1980년	추정 용적률	77.8%
세대수	32세대	세대 평균 대지지분	22.81평
대지면적	2,413.2㎡(730평)	2020년 평당 개별공시지가	10,380,165원
용도지역	준공업지역	세대 평균 대지가액	236,771,564원
용적률 산정용 연면적	567.88평	추정 대지가액	394,619,273원

대성연립 주변에는 중소 규모의 공장이 많다. 주거환경이 쾌적하다고 보긴 힘들지만, 대지지분이 큰 준공업지역 연립인 만큼 투자적인 매력은 있다.

우창연립

 금천구 가산동 547-44   1 · 7호선 가산디지털단지역 5번 출구 620m

▶ 2013년에 추진위를 설립했으나, 아직까지 조합설립인가를 받지 못하고 있다. 클린업시스템(서울시 정비사업 포털) 업데이트도 2018년이 마지막이다.

▶ 주변은 주로 아파트형 공장(지식산업센터)으로 개발된 상태다.

▶ 두 동이지만 각 동의 크기가 다른 연립들에 비해 매우 큰 특징이 있다.

준공년도	1984년	추정 용적률	104.5%
세대수	90세대	세대 평균 대지지분	16.71평
대지면적	4,972㎡(1,504평)	2020년 평당 개별공시지가	8,585,124원
용도지역	준공업지역	세대 평균 대지가액	143,457,422원
용적률 산정용 연면적	1,572.45평	추정 대지가액	239,095,703원

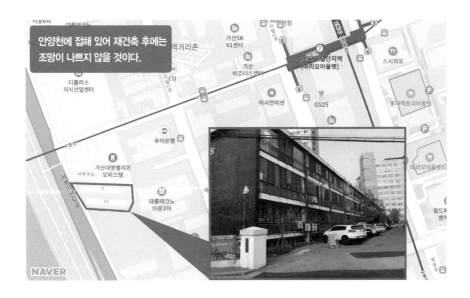

안양천에 접해 있어 재건축 후에는 조망이 나쁘지 않을 것이다.

월드빌라 1·2단지

 구로구 궁동 238/236-1　 1·7호선 온수역 8번 출구 510m

▶ 약간의 오르막이 있고, 두 단지로 나뉜다.

▶ 상가동(라동)이 있는 것을 감안해서 평균 대지지분을 하향해서 봐야 한다.★

▶ 바로 옆 한양빌라(구로구 궁동 240)는 가로주택정비사업 추진 중으로 조합설립 단계다.

▶ 온수초, 우신중·고등학교, 세종과학고가 매우 가깝다.

준공년도	1984년	추정 용적률	84.6%
세대수	90세대	세대 평균 대지지분	18평대 후반(상가 지분 감안)
대지면적	5,888㎡(1,781평)	2020년 평당 개별공시지가	8,671,074원
용도지역	제2종 일반주거지역	세대 평균 대지가액	164,750,406원
용적률 산정용 연면적	1,505.98평	추정 대지가액	274,584,010원

부일로9길을 사이에 두고 1, 2단지가 구분된다. 사진은 1단지이며, 오른쪽 흰 건물이 월드빌라 상가동이다.

★　상가동이 같은 필지에 있을 때, 상가가 점유하는 정확한 대지면적을 알 수 없어 평균 대지지분을 계산하기 어려운 경우가 있다. 이때는 오히려 특정 호실의 등기부등본을 열람하는 편이 낫다. 한편, 같은 단지 내에 존재하는 상가동은 신속한 재건축을 막는 걸림돌이 되는 경우가 왕왕 있다는 점도 유의하자.

우신빌라

 구로구 궁동 213-21/213-27   1·7호선 온수역 8번 출구 550m

▶ 조사대상 중 최대 규모의 연립주택으로 총 28개동이 있다. 이는 온수역 남쪽의 대흥·성원·동진 통합 재건축(온수역 아이파크 예정)과 비슷한 규모다.

▶ 상가 53호가 포함된 것이므로 이를 감안하여 평균 대지지분을 하향해서 계산해야 한다.

▶ 현재 정비구역지정 신청 상태로 가격도 꽤 오른 상태다.

▶ 온수초, 우신중·고등학교, 세종과학고가 매우 가깝다.

준공년도	1988년	추정 용적률	88.0%
세대수	762세대	세대 평균 대지지분	19평대 초반(상가 지분 감안)
대지면적	50,691㎡(15,334평)	2020년 평당 개별공시지가	8,763,636원
용도지역	제2종 일반주거지역	세대 평균 대지가액	166,509,084원
용적률 산정용 연면적	13,496평	추정 대지가액	277,515,140원

협의 중인 내용에 대해서도 곳곳에 현수막을 거는 등 적극적인 모습이다.

연립주택이 가장 많은 동네, 온수역 일대

서울에서도 유독 연립주택이 많이 남아 있는 지역이 있다. 그 중에서도 구로구 궁동, 항동, 온수동, 오류동 일대를 아우르는 온수역 일대는 80년대 연립주택 단지가 가장 많이 남아 있는 지역이 아닐까 싶다. 그만큼 재건축이 추진·논의 중인 연립주택도 많다.

가로주택정비사업 예정지의 경우 조합원 자격에 대한 별도 규정이 없어 상대적으로 거래가 자유로우며, 소규모 재건축 방식으로 준비 중인 연립도 거래 가능 매물이 종종 나오니 해당 지역 방문시 함께 둘러보자.

주택 이름	주소	상태	기타
월드연립 A · B동	온수동 18-1/ 18-12	소규모 재건축 조합설립	온수역 초역세권
두암연립	온수동 7-5	소규모 재건축 조합설립	
동양연립	궁동 171-1/171-4/ 173-9/173-10	소규모 재건축 조합설립	도로가 관통
한양빌라	궁동 240	가로주택정비사업 조합설립	
화랑주택	오류동 108-1	소규모 재건축 조합설립	자루형 토지

온수역 남단 3개 연립, 통합 재건축 진행 중

대흥연립(온수동 45-31), 성원연립(온수동 45-32), 동진연립(온수동 45-5)은 통합 재건축을 추진하고 있으며, 현대산업개발(아이파크)로 시공사가 선정되었다. 조합원 744세대, 정비구역 면적 55,926㎡ 규모다.

기부채납분 8,933㎡를 제외한 대지면적 46,993㎡에 용적률 204%, 건폐율 15.13%를 적용해 12동(최고 25층) 988세대 규모로 재건축될 예정이다.

바로 옆에 2020년에 준공한 '이편한세상 온수역'(부천 동신아파트 재건축) 아파트가 있어 재건축 이후 가격을 대략적으로나마 예상할 수 있다. 부천시 행정구역인 이편한세상에 비해 아이파크는 서울시 행정구역에 속하며, 온수역 이용도 더 편리해 가격이 더 높을 것으로 예상된다.

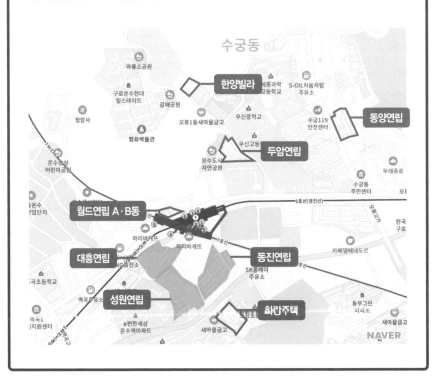

궁동빌라

077

 구로구 궁동 197-1/197-40   1호선 오류동역 3번 출구 710m

▶ 투자의 이유도, 기회도, 단점도, 특징도 모두 '서울에서 가장 큰 교회'(대지면적 기준)인 연세중앙교회를 향한다. 재건축도 가능하겠지만, 교회 확장에 따른 일괄 매도 가능성도 없진 않겠다.

▶ 연세중앙교회가 워낙 대형 교회라 주말마다 주차 전쟁이 벌어지는데, 이는 곧 재건축 후 해당 지역 교인들의 수요가 있을 것이라는 뜻이기도 하다.

준공년도	1991년	추정 용적률	86.1%
세대수	184세대	세대 평균 대지지분	18.38평
대지면적	11,181㎡(3,382.3평)	2020년 평당 개별공시지가	9,775,206원
용도지역	제2종 일반주거지역	세대 평균 대지가액	179,668,286원
용적률 산정용 연면적	2,913.17평	추정 대지가액	299,447,144원

왼쪽 원형 건물이 연세중앙교회, 오른쪽 붉은 건물이 궁동빌라다.

동삼파크빌라

 구로구 항동 1/1~42/2/4   1 · 7호선 온수역 2번 출구 630m

▶ 푸른수목원이 300m 거리로 매우 가깝다.

▶ 2020년 5월, 2억 8,300만원에 실거래되었다(대지지분 16.2평 기준).

준공년도	1988년	추정 용적률	94%
세대수	162세대	세대 평균 대지지분	16평대 초반(상가 지분 감안)
대지면적	9,132㎡(2,762.4평)	2020년 평당 개별공시지가	10,545,454원
용도지역	제2종 일반주거지역	세대 평균 대지가액	168,727,264원
용적률 산정용 연면적	2,597.21평	추정 대지가액	281,212,107원

붉은 벽돌건물이 동삼파크빌라다.

동삼파크빌라와 마주보고 있는 그린빌라는 타운하우스형 대단지 고급 빌라로 가격도 10억이 넘는다. 사진은 그린빌라의 배치도다.★

★　동삼파크빌라와 마주보고 있는 그린빌라(구로구 항동 1-5)는 국내 최초의 타운하우스형 연립주택 단지다. 세대 평균 대지지분이 100평 이상이며, 야외수영장과 3면 테니스코트, 골프연습장 등을 품은 고급 빌라다. 주거 만족도도 매우 높고, 관리 상태도 좋은 것으로 알려져 있어 근시일 내 재건축은 어려울 듯하다. 믿기 어렵겠지만 그린빌라 앞의 푸른수목원이 과거에는 그린빌라 전용 농장이었다고 한다. 출입통제가 매우 엄격해 단지 내부를 구경하기는 힘들다.

서울가든빌라

 구로구 오류동 97-4/99　　 1 · 7호선 온수역 2번 출구 670m

▶ 삼익건설이 지은 대단지 연립주택으로 관리 상태가 양호하다.

▶ 상가가 13호 있으므로 세대 평균 대지지분을 계산할 때 이를 고려해야 한다.

준공년도	1987년	추정 용적률	87.0%
세대수	339세대	세대 평균 대지지분	17평대 초반(상가 지분 감안)
대지면적	20,313㎡(6,144.7평)	2020년 평당 개별공시지가	10,723,967원
용도지역	제2종 일반주거지역	세대 평균 대지가액	182,307,439원
용적률 산정용 연면적	5,344.62평	추정 대지가액	303,845,732원

상가 13호가 포함되어, 정확한 평균 대지지분 산정에 어려움이 있다. 투자시에는 해당 매물의 등기부등본을 발급받아 대지지분을 확인하자.

안전진단 통과 현수막에 세월이 묻어 있다. 너무 낡은 플래카드는 사업 지연을 의심하게 만든다.

우남빌라

080

 구로구 오류동 186-1/186-4   7호선 천왕역 3번 출구 150m

▶ 천왕역 초역세권에 위치한 연립주택으로 남서쪽이 도로로 트여 채광 조건이 우수하다.

▶ 2020년 5월, 3억 2,500만원에 실거래되었다(대지지분 약 17.5평 기준).

준공년도	1987년	추정 용적률	84.4%
세대수	54세대	세대 평균 대지지분	19.86평
대지면적	3,546㎡(1,072.7평)	2020년 평당 개별공시지가	11,656,198원
용도지역	제2종 일반주거지역	세대 평균 대지가액	231,492,092원
용적률 산정용 연면적	905.75평	추정 대지가액	385,820,154원

유리방음벽은 최근에 설치된 것으로 보인다.

삼미주택

081

 구로구 오류동 206-2

 7호선 천왕역 3번 출구 270m

▶ 2020년 1월, 3억 5천만원에 실거래되었다.

▶ 조합원분을 제외한 주택 대부분을 공공임대주택으로 분양하는 대신 용적률을 대폭 상향받을 수 있는 천왕3역세권(가칭) 공공임대주택 재개발사업 구역지정을 추진하고 있다(2020년 4월 기준).

준공년도	1984년	추정 용적률	82.5%
세대수	63세대	세대 평균 대지지분	21.27평
대지면적	4,429㎡(1,339.8평)	2020년 평당 개별공시지가	13,292,561원
용도지역	제2종 일반주거지역	세대 평균 대지가액	282,732,772원
용적률 산정용 연면적	1,105.69평	추정 대지가액	471,221,287원

신축 아파트로 향하는 길에 정해진 답이 있는 것은 아니다. 연립주택의 특성을 살려 적절한 사업과 매칭하다 보면 저절로 공부가 될 것이다.

212

럭키빌라·우성빌라

082

🏠 구로구 오류동 137-1/137-55　　🚇 1호선 오류동역 2번 출구 170m

▶ 구분된 연립이지만 출입구와 주차장을 함께 사용 중이다. 두 연립이 대지 크기도 비슷하고 건축년도(1985년), 세대수(각 18세대, 총 36세대)도 동일해 통합해서 분석했다.

▶ 서해안로와 붙어 있어 접도 조건이 좋다.

준공년도	1985년	추정 용적률	99.3%
세대수	36세대	세대 평균 대지지분	18.11평
대지면적	2,155㎡(651.9평)	2020년 평당 개별공시지가	11,434,710원
용도지역	제3종 일반주거지역	세대 평균 대지가액	207,082,598원
용적률 산정용 연면적	647.57평	추정 대지가액	345,137,664원

왼쪽이 우성빌라, 오른쪽이 럭키빌라다. 출입구와 주차장을 공유하지만, 양 기둥에 각자의 연립명을 달아놓았다. 두 연립 사이로 오류동역이 보인다.

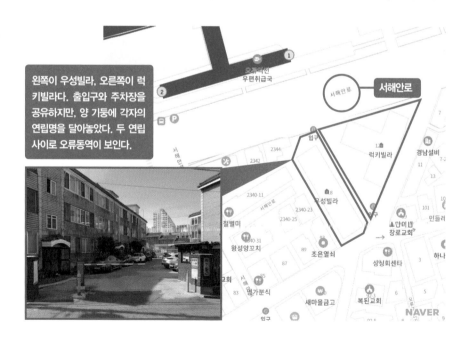

우석빌라1·2동과 우석빌라 가·나·다동

 구로구 오류동 152/152-13　　 1호선 오류동역 2번 출구 380~420m

▶ 마치 원래 한 단지인 것처럼 같은 이름의 두 연립이 붙어 있다.

▶ 오류동역이 더 가깝지만 7호선 천왕역(650m) 이용도 편리하다.

우석빌라	1·2동	가·나·다동
주소	오류동 152	오류동 152-13
준공년도	1986년	1987년
세대수	63세대	72세대
대지면적	3,030㎡(916.6평)	3,706㎡(1,121.1평)
용도지역	제2종 일반주거지역	제2종 일반주거지역
용적률 산정용 연면적	1,026.65평	1,117.16평
추정 용적률	112.0%	99.7%
세대 평균 대지지분	14.55평	15.57평
2020년 평당 개별공시지가	8,442,975원	8,122,314원
세대 평균 대지가액	122,845,286원	126,464,429원
추정 대지가액	204,742,144원	210,774,048원
오류동역 2번 출구까지 최단거리	380m	420m

두 단지가 함께 개발된다면, 2~3동 규모의 소형 아파트 단지가 될 확률이 높다.

tip

재건축 진행 중인 미래빌라, 현대연립

오류동에는 매력적인 연립주택이 많다. 그 중, 미래빌라와 현대연립은 일정 단계 이상 재건축이 진행된 상태라 조사대상에는 포함시키지 않았지만 간략하게 살펴보자. 오류동역 바로 옆에 위치한 미래빌라(구로구 오류동 68-21)는 소규모 재건축 사업을 진행 중이다. 시공사로 쌍용건설을 선정하여 35층 규모, 아파트 270여 가구와 부대복리시설로 재건축 예정이다.

현대연립(구로구 오류동 156-15)은 240세대 규모의 대형 연립단지로, 사업시행인가를 준비 중이다(2020년 4월 기준). 단지 규모가 큰 만큼, 조합원 지위 승계가 가능한 매물이 종종 나온다.

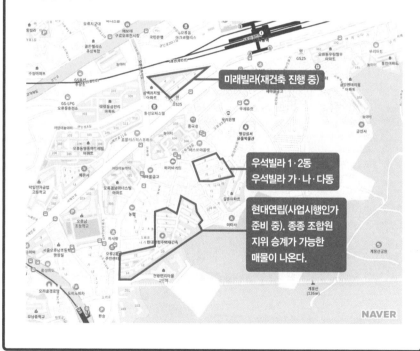

미래빌라(재건축 진행 중)

우석빌라 1·2동
우석빌라 가·나·다동

현대연립(사업시행인가 준비 중). 종종 조합원 지위 승계가 가능한 매물이 나온다.

미주빌라

084

 구로구 개봉동 181-1   1호선 개봉역 2번 출구 100m

▶ 개봉역 초역세권에 위치한 제3종 일반주거지역 연립주택이다.

▶ 용적률이 약 110%로 80년대 연립치고는 살짝 높은 편이다.

준공년도	1986년	추정 용적률	110.3%
세대수	36세대	세대 평균 대지지분	16.63평
대지면적	1,979㎡(598.6평)	2020년 평당 개별공시지가	12,274,380원
용도지역	제3종 일반주거지역	세대 평균 대지가액	204,122,939원
용적률 산정용 연면적	660.37평	추정 대지가액	340,204,899원

세로로 길쭉한 창이 있는 건물이 개봉역 역사다.

좋은 위치의 사업성 있는 연립주택에는 가만히 있어도 재건축 제안이 들어온다.

대흥연립

 구로구 구로동 142-66/142-2   2·7호선 대림역 2번 출구 290m

▶ 구로중앙로8길을 사이에 두고 필지가 둘로 나누어진다.

▶ 이미 준공인가를 받은 삼안연립(강서구 등촌동 643-56 일대) 사례를 참고할 만하다. 삼안연립
(기존 3동)은 도로로 구분된 필지에 각각 1동씩 아파트가 들어서 2동짜리 단지로 재탄생되었다.

준공년도	1983년	추정 용적률	85.0%
세대수	72세대	세대 평균 대지지분	22.05평
대지면적	5,248㎡(1,587.5평)	2020년 평당 개별공시지가	9,626,446원
용도지역	제2종 일반주거지역	세대 평균 대지가액	212,263,134원
용적률 산정용 연면적	1,350.1평	추정 대지가액	353,771,891원

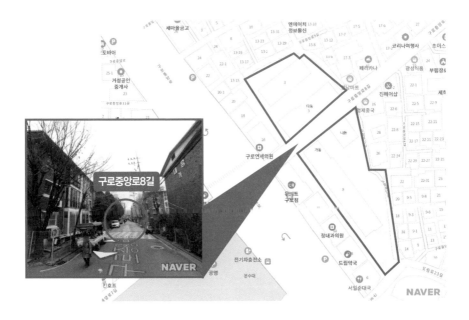

진영주택

 구로구 구로동 614-2   1호선 구로역 3번 출구 660m

▶ 서부간선도로와 구로중앙로 교차점에 위치한 물방울 모양의 토지다.

▶ 세대 평균 대지지분이 23평 이상으로 크다. 2020년 3월에 3억원에 실거래되었다.

▶ 학교들이 가깝지는 않지만(특히 중학교가 멀다), 안양천 건너 목동 학원가를 이용하기 좋다.

▶ 현재는 채광이 양호한 편이나 용도지역(준공업지역)에 기인한 아파트형 공장이나 지식산업센터가 주변에 들어설 수 있는 만큼, 재건축 후에는 하루 종일 해가 들지 않는 '영구음영' 세대가 발생할 수도 있다.

준공년도	1984년	추정 용적률	87.3%
세대수	54세대	세대 평균 대지지분	23.51평
대지면적	4,196㎡(1,269평)	2020년 평당 개별공시지가	10,122,314원
용도지역	준공업지역	세대 평균 대지가액	237,975,602원
용적률 산정용 연면적	1,107.69평	추정 대지가액	396,626,004원

주변 개발에 따라 일조권이 침해될 우려가 있다.

tip

준공업지역에 속한다면, 채광과 조망 확인은 필수

일반주거지역과 달리 일조권 사선제한에서 자유로운 준공업지역은 향후 주변 재건축에 따라 일조를 침해받을 가능성이 있다. 그러므로 미래의 일조 조건까지 고려한 투자가 이뤄져야 한다.

최근에는 일조보다 조망에 우선순위를 두는 사람들이 많아지고 있어, 앞이 막힌 남향보다 조망이 좋은 북동 · 북서향을 선호하기도 한다.

준공업지역에 있는 진영주택.
인근에 일조를 방해하는 높은 빌딩
이 들어설 수 있다는 것을 유념하자.

신도림동 준공업지역 도시환경정비구역

087

 구로구 신도림동   2호선 지선 도림천역 1번 출구 780~820m

▶ 신도림동 준공업지역 도시환경정비구역에 포함된다. 신도림동 개발의 마지막 퍼즐로 불리는 지역이다.

▶ 철강공장들 사이에 연립주택 몇 동이 남아 있는 형상이다.

▶ 재개발이 처음 추진된 시기는 2008년이고, 2012년에 정비구역으로 지정됐지만 주민 갈등으로 복수의 추진위원회가 생기면서 사업이 난항에 빠진 바 있다.

▶ 2호선 지선 도림천역과 1호선 구로역 둘 다 이용 가능하다. 둘 다 아주 가깝지는 않다는 뜻이기도 하다.

	삼영연립	전원연립	유림연립	유신연립
주소	신도림동 292-213	신도림동 292-221	신도림동 292-215/292-218	신도림동 293-3
준공년도	1979년	1979년	1980년	1979년
세대수	32세대	28세대	20세대	20세대
대지면적	2,036㎡(615.9평)	1,770㎡(535.4평)	1,429㎡(432.3평)	1,229㎡(371.8평)
용도지역	준공업지역	준공업지역	준공업지역	준공업지역
용적률 산정용 연면적	486.6평	423평	332.6평	299.2평
추정 용적률	79.0%	79.0%	76.9%	80.5%
세대 평균 대지지분	19.25평	19.12평	21.61평	18.59평
2020년 평당 개별공시지가	13,292,561원	13,709,090원	13,057,851원	11,619,834원
세대 평균 대지가액	255,881,799원	262,117,801원	282,180,160원	216,012,714원
추정 대지가액	426,469,665원	436,863,001원	470,300,267원	360,021,190원
도림천역 1번 출구까지 최단거리	820m	820m	820m	780m

▶ 2호선 지선을 이용해 목동 학원가 접근이 용이하다.

▶ 가격이 꽤 나가는 편이다. 정비구역에 포함되지 않은 218쪽 진영주택(구로동 614-2)의 실거래가(3억원, 2020년 3월)와 비교해 보면 그 차이에서 정비구역의 힘을 확인할 수 있다.

전원연립

유림연립

1979~1980년에 지어진 4개 연립주택.
모두 2층짜리 연립주택으로 대지지분은 20평 안팎에 달하며, 용적률은 80% 정도에 불과하다.
목동 학원가를 이용하기 좋다.

서울
서남권 II

영등포
양천
강서

- 부동산 정책에 따라 시시각각 조건이 달라질 수 있으므로, 투자 전 꼼꼼한 검토가 필요하다.
- 연립주택은 매물이 적어 매매가, 호가의 변동폭이 큰 편이므로 인근 부동산중개사무소를 방문해 정확한 정보를 알아보자.
- 가로주택정비사업은 수도권 주택공급의 한 축으로 다양한 제도적 혜택을 받고 있다.
- 가로주택정비사업 시행 가능 여부는 다양한 요건과 상황, 승인권자의 해석에 따라 달리 판단될 수 있으므로 관할 구청 주택과나 SH공사를 통한 개별적 확인이 필요하다.

실천
마당
7

현대그린빌라

 영등포구 대림동 993-4   2호선 구로디지털단지역 6번 출구 430m

▶ 신안산선이 개통되면 구로디지털단지역은 2호선·신안산선 환승역이 된다.

▶ 접도 조건은 좋지 않은 편이다.

준공년도	1986년	추정 용적률	110.7%
세대수	80세대	세대 평균 대지지분	13.87평
대지면적	3,667.1㎡(1,109.3평)	2020년 평당 개별공시지가	9,203,305원
용도지역	제2종 일반주거지역	세대 평균 대지가액	127,649,840원
용적률 산정용 연면적	1,227.53평	추정 대지가액	212,749,734원

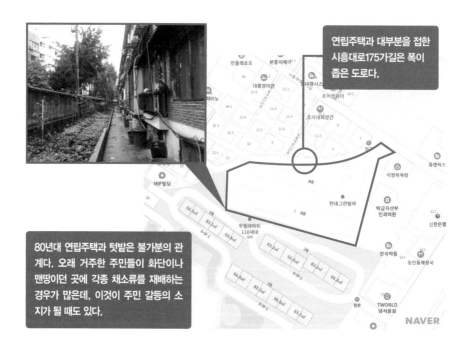

연립주택과 대부분을 접한 시흥대로175가길은 폭이 좁은 도로다.

80년대 연립주택과 텃밭은 불가분의 관계다. 오래 거주한 주민들이 화단이나 맨땅이던 곳에 각종 채소류를 재배하는 경우가 많은데, 이것이 주민 갈등의 소지가 될 때도 있다.

세원빌라

 영등포구 신길동 3923   7호선 신풍역 1번 출구 300m

▶ 신길뉴타운 맞은편 블록에 위치한다.

▶ 장미빌라(영등포구 신길동 3922)와 신풍로12나길을 사이에 두고 마주보는 위치다.

준공년도	1985년	추정 용적률	89.8%
세대수	48세대	세대 평균 대지지분	21.19평
대지면적	3,362㎡(1,017평)	2020년 평당 개별공시지가	11,173,553원
용도지역	제2종 일반주거지역	세대 평균 대지가액	236,767,588원
용적률 산정용 연면적	913.21평	추정 대지가액	394,612,647원

신길뉴타운에 대단지 신축 아파트가 대거 들어서며, 신풍로를 따라 상권 및 주변 환경이 빠르게 좋아지고 있다.

유성연립

 영등포구 문래동1가 42-1/42-3   2호선 문래역 7번 출구 780m

▶ 서남권 교통의 양대 산맥인 영등포역과 신도림역 사이에 위치한다. 둘 다 아주 가깝지는 않다는 뜻이기도 하다.

▶ 신도림역이 약 800m로 도보 이용이 가능한 거리며, 인근에 신안산선 도림사거리역이 들어설 예정이다.

▶ 영등포 타임스퀘어, 신도림 디큐브시티 등 쇼핑시설 이용이 편리하고, 문래창작촌 인근이다.

▶ 철도, 도로(경인로), 공장 등으로 인한 소음이 있다.

준공년도	1984년	추정 용적률	81.6%
세대수	36세대	세대 평균 대지지분	19.32평
대지면적	2,299.8㎡(695.7평)	2020년 평당 개별공시지가	11,342,148원
용도지역	준공업지역	세대 평균 대지가액	219,130,299원
용적률 산정용 연면적	567.93평	추정 대지가액	365,217,166원

유성연립 뒤로 신도림의 높은 빌딩들이 보인다.

덕양주택

 영등포구 양평동6가 86　　 9호선 선유도역 1번 출구 930m

▶ 타일 장식이 특이한 2층짜리 연립주택이다.

▶ 한강과 매우 가깝다. 올림픽대로와 노들로 지하통로를 이용하면 된다.

▶ 바로 옆 유성빌라(영등포구 양평동6가 84)는 가로주택정비사업 조합설립 상태다.

준공년도	1980년	추정 용적률	88.9%
세대수	32세대	세대 평균 대지지분	19.02평
대지면적	2,012.2㎡(608.7평)	2020년 평당 개별공시지가	11,193,388원
용도지역	제2종 일반주거지역	세대 평균 대지가액	212,898,240원
용적률 산정용 연면적	540.89평	추정 대지가액	354,830,400원

도보로 한강공원 접근이 용이하다. 한강 접근통로 바로 앞에 있는 서울시 자전거 '따릉이'를 이용하기도 좋다.

삼성빌라·대광주택·영곡연립

092

 양천구 신월동　 5호선 신정역 1번 출구 720~740m

▶ 삼성빌라, 대광주택, 영곡연립이 같은 블록에 나란히 붙어 있어 함께 분석했다.

▶ 양강초등학교 및 양강중학교와 이웃하는 위치로 교육환경이 좋은 편이다.

	삼성빌라	대광주택	영곡연립
주소	신월동 477-8	신월동 477-3	신월동 477-12
준공년도	1984년	1987년	1987년
세대수	18세대	48세대	42세대
대지면적	1,026.5㎡(310.5평)	1,824.5㎡(551.9평)	1,652.6㎡(499.9평)
용도지역	제2종 일반주거지역	제2종 일반주거지역	제2종 일반주거지역
용적률 산정용 연면적	309.71평	656.88평	585.45평
추정 용적률	99.7%	119.0%	117.1%
세대 평균 대지지분	17.25평	11.50평	11.90평
2020년 평당 개별공시지가	7,874,380원	7,874,380원	8,330,578원
세대 평균 대지가액	135,833,055원	90,555,370원	99,133,878원
추정 대지가액	226,388,425원	150,925,617원	165,223,130원
신정역 1번 출구까지 최단거리	740m	730m	720m

지도 중앙의 서울가든아파트 왼편 가로 구역에 삼성빌라, 대광주택, 영곡연립이 나란히 붙어 있다.

228

한 블록 세 연립, 가치 상승의 열쇠는 공동개발!

삼성빌라, 대광주택, 영곡연립, 이렇게 세 연립을 하나의 표에 작성한 이유는 세 연립주택이 한 블록에 모여 있기 때문이다. 세 연립이 포함된 가로구역 면적이 1만㎡ 미만이면서, 세대수가 20세대를 넘고, 가로구역을 둘러싼 도로 요건도 충족하는 것으로 보인다.

바로 옆 서울가든아파트(1985년)와 세 연립주택을 비교해 보자. 서울가든아파트는 200세대 규모의 소형 단지로 재건축 연한을 모두 채웠다. 가장 비중이 높은 35평형이 최근 5억 8천만원에 거래되었는데, 해당 평형의 대지지분은 19.28평이다. 대지지분 평당 3,008만원에 거래된 셈이다(2020년 6월 기준).

세 연립 중에서는 삼성빌라가 세대수가 적어 나머지 두 연립에 비해 대지지분이 넓은 편이다. 삼성빌라 21평의 대지지분이 17.45평이고, 마지막 실거래가(2020년 7월)는 2억 6천만원이다. 대지지분 평당 1,490만원에 거래된 셈으로, 서울가든아파트의 평당 대지지분 가격이 삼성빌라의 2배가 넘는다.

서울가든아파트는 재건축을 통해 신축 아파트로 재탄생될 확률이 높으며, 공동개발을 가정한 세 연립 역시 재건축이 이뤄진다면 소형 아파트 단지가 될 것이다.

결국 여기서 가장 어려운 과정은 '공동개발'인데, 그 리스크가 평당 대지지분 가격 2배 차이만큼 큰 것인지는 개인의 판단에 따를 수밖에 없다.

서울가든아파트

삼성빌라

신진빌라

 양천구 신월동 144-20 비역세권, 목동선 신월네거리역(예정)

▶ 경전철 목동선 신월네거리역이 들어설 예정이다.

▶ 실거래가가 2억대 초반으로 저렴하다(2019~2020년 기준).

▶ 임장을 간다면 인근의 유성연립(신월동 108-1)과 금강연립(신월동 77-1), 신반도연립(신월동 74-4 외) 등도 함께 둘러보길 권한다.

준공년도	1985년	추정 용적률	88.8%
세대수	60세대	세대 평균 대지지분	17.65평
대지면적	3,501㎡(1,059.1평)	2020년 평당 개별공시지가	9,226,446원
용도지역	제2종 일반주거지역	세대 평균 대지가액	162,846,772원
용적률 산정용 연면적	940.24평	추정 대지가액	271,411,287원

합리적인 가격의 신월동 연립주택

공항 인근에 위치한 신월동은 고도제한과 항공기 소음 등의 영향이 있어 가격이 저렴한 편이다. 실거래가는 대지지분 등에 따라 다르지만, 보통 1억대 중후반부터 2억대 후반 정도다. 현재는 교통요건이 좋다고 볼 수 없지만, 서부광역철도 원종·홍대선과 경전철 목동선이 계획대로 신설된다면 비약적인 개선이 이뤄질 것이다.

대부분 가로구역이 1만㎡ 이내로 네모반듯한 형태가 많아 가로주택정비사업이 가능한 연립주택이 많은 것도 장점이다.

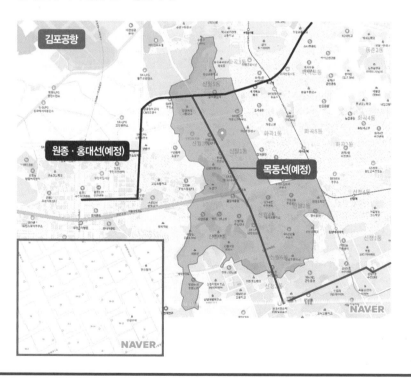

무림연립

 양천구 신월동 28-2　 비역세권, 원종 · 홍대선, 목동선 신월역(예정)

▶ 화곡로와 남부순환로가 교차하는 사거리에 위치한다.

▶ 현재는 비역세권이지만, 원종 · 홍대선과 목동선이 교차하는 신월역이 예정돼 있어 환승 역세권으로 거듭날 전망이다.

▶ 2019년 6월, 2억 3,500만원에 실거래되었다(대지지분 16.24평 기준).

▶ 임장을 간다면 인근의 재현연립(신월동 15-1/15-6)도 함께 둘러보길 권한다.

준공년도	1981년	추정 용적률	94.2%
세대수	24세대	세대 평균 대지지분	16.25평
대지면적	1,288.9㎡(389.9평)	2020년 평당 개별공시지가	8,046,281원
용도지역	제3종 일반주거지역	세대 평균 대지가액	130,752,066원
용적률 산정용 연면적	367.45평	추정 대지가액	217,920,110원

지하철역 예정지 인근
투자는 보다 긴 호흡과
인내가 필요하다.

덕수연립

 강서구 염창동 283   9호선 염창역 2번 출구 195m

▶ 가로주택정비사업을 추진하기 위해 기존 재건축조합 해산을 진행하고 있다(2020년 6월 기준).

▶ 올림픽대로, 안양천로, 노들로 등 주요 간선도로 접근이 용이하다.

준공년도	1981년	추정 용적률	93.5%
세대수	36세대	세대 평균 대지지분	14.82평
대지면적	1,763.7㎡(533.5평)	2020년 평당 개별공시지가	13,771,900원
용도지역	준주거지역	세대 평균 대지가액	204,099,558원
용적률 산정용 연면적	498.98평	추정 대지가액	340,165,930원

같은 동네(염창동)에 위치한 덕수연립과 우성연립(234쪽)을 비교해 보자. 준주거지역인 덕수연립과 제2종 일반주거지역인 우성연립의 개별공시지가를 비교해 보면, 오히려 우성연립의 개별공시지가가 근소하게 높다. 개별공시지가 산정 과정에서 용도지역의 특성이 제대로 반영되지 않았음을 알 수 있다.

우성연립

 강서구 염창동 276-1/276-2   9호선 등촌역 3번 출구 185m

▶ 경전철 강북횡단선이 개통되면 등촌역이 환승역이 될 예정이다.

▶ 인근에 꽤 큰 규모의 재래시장인 목동깨비시장이 있다.

준공년도	1983년	추정 용적률	85.6%
세대수	48세대	세대 평균 대지지분	14.76평
대지면적	2,341.3㎡(708.2평)	2020년 평당 개별공시지가	13,923,966원
용도지역	제2종 일반주거지역	세대 평균 대지가액	205,517,738원
용적률 산정용 연면적	606.36평	추정 대지가액	342,529,564원

축대 붕괴 위험이 있으니 주차를 하지 말라는 안내문이 붙어 있다. 80년대 연립주택의 노후도는 안전 이슈와도 밀접하게 연결되어 있다.

미전빌라

 강서구 가양동 183-1   9호선 양천향교역 1번 출구 70m

▶ 서울식물원이 400m 떨어져 있는 팍세권이다.

▶ 마곡 업무단지 인근으로 오피스텔 수요가 많은 만큼 인근 사거리가 오피스텔 위주로 발달했다.
  미전빌라 역시 도심형 생활주택이나 오피스텔 입지로 적합해 보인다.

▶ 남동향 방향으로 진입로, 북서향 방향으로 학교 운동장이 있어 향후 조망이나 채광에 영향이 적
  을 것으로 예상된다.

준공년도	1986년	추정 용적률	90.5%
세대수	30세대	세대 평균 대지지분	15.22평
대지면적	1,509㎡(456.5평)	2020년 평당 개별공시지가	12,370,247원
용도지역	준공업지역	세대 평균 대지가액	188,275,159원
용적률 산정용 연면적	413.03평	추정 대지가액	313,791,932원

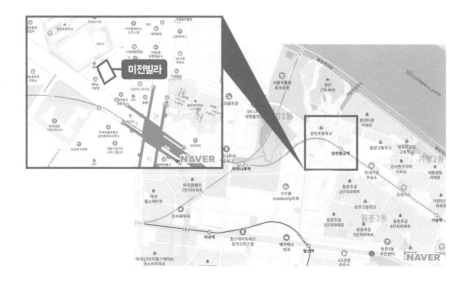

경남연립

098

 강서구 내발산동 716-20　　 5호선 우장산역 4번 출구 270m

▶ 강서구 신축 대단지 아파트가 밀집한 우장산역 인근 연립주택이다. 재건축 후 주변 대단지 아파트 시세의 영향을 받을 것이다.

▶ 2000년대 초반에 재건축조합이 설립된 이후 답보 상태에 빠진 바 있으나, 현재 가로주택정비사업 추진을 위해 동의서(80% 목표)를 받는 중이다(2020년 5월 기준).

▶ 맞은편 영광빌라(내발산동 715-3)도 함께 둘러보자.

준공년도	1982년	추정 용적률	89.8%
세대수	51세대	세대 평균 대지지분	19.89평
대지면적	3,353.6㎡(1,014.5평)	2020년 평당 개별공시지가	9,986,777원
용도지역	제2종 일반주거지역	세대 평균 대지가액	198,636,995원
용적률 산정용 연면적	910.52평	추정 대지가액	331,061,658원

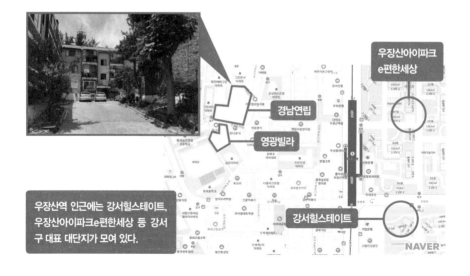

우장산역 인근에는 강서힐스테이트, 우장산아이파크e편한세상 등 강서구 대표 대단지가 모여 있다.

236

보성빌라

099

 강서구 방화동 593-30/593-128/583-6

🚇 9호선 신방화역 1번 출구 620m
5호선 개화산역 1번 출구 630m

▶ 9호선 신방화역과 5호선 개화역 사이에 위치해 9호선과 5호선 둘 다 이용할 수 있다.

▶ 같은 가로구역에 위치한 서울빌라(방화동 584-1)도 함께 둘러보자.

준공년도	1987년	추정 용적률	82.8%
세대수	42세대	세대 평균 대지지분	18.24평
대지면적	2,532㎡(765.9평)	2020년 평당 개별공시지가	8,155,372평
용도지역	제2종 일반주거지역	세대 평균 대지가액	148,753,985평
용적률 산정용 연면적	634.12평	추정 대지가액	247,923,309평

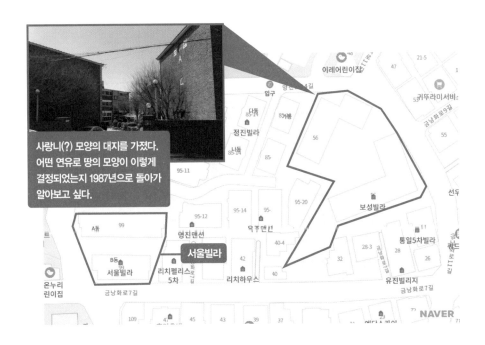

사랑니(?) 모양의 대지를 가졌다. 어떤 연유로 땅의 모양이 이렇게 결정되었는지 1987년으로 돌아가 알아보고 싶다.

신성연립

 강서구 방화동 589–13

 9호선 신방화역 1번 출구 600m
9호선 공항시장역 2번 출구 500m

▶ 9호선 신방화역과 공항시장역까지의 거리가 비슷하다.

▶ 방화2구역에 포함된다. 방화2구역은 2015년 서울시 도시재정비위원회에서 구역지정이 부결된 바 있다. 2020년 4월 기준, 재건축 재추진을 위해 촉진구역 지정을 위한 동의서(75% 목표)를 받고 있다.

준공년도	1982년	추정 용적률	93.2%
세대수	54세대	세대 평균 대지지분	17.79평
대지면적	3,176㎡(960.7평)	2020년 평당 개별공시지가	10,882,644원
용도지역	제2종 일반주거지역	세대 평균 대지가액	193,602,237원
용적률 산정용 연면적	895.2평	추정 대지가액	322,670,395원

촉진지구 지정 및 조합 재설립을 통해 새 시작을 도모하고 있는 방화2구역. 그리고 그 안에 신성연립이 있다.

(출처 : 네이버 부동산)

tip

서울시 2020년 2분기 가로주택정비사업 추진현황

연번	자치구	구역명	대표지번	대지면적(㎡)	사업시행단계
1	광진구	한양연립	구의동 592-39	7,099	지정개발자 지정
2	중랑구	세광하니타운	중화동 296-44	5,547	건축심의
3		대명·삼보연립	중화동 1-1	7,402	사업시행인가
4		면목우성주택	면목5동 173-2	1,456	착공
5		면목부림연립	면목동 44-6	694	건축심의
6	성북구	장위11-2구역	장위동 68-833	6,685	조합설립인가
7		장위15-1구역	장위동 258-2	9,315	조합설립인가
8		정릉동 218-1 일대	정릉동 218-1	6,471	조합설립인가
9	강북구	번동 429-114 일대	번동 429-114	4,178	조합설립인가
10		번동2구역	번동 429-97	7,339	조합설립인가
11	도봉구	청호빌라	방학동 687-41	1,828	사업시행인가
12	마포구	합정동 447 일대	합정동 447-2	5,778	조합설립인가
13		인경서진빌라	망원동 460-1	788	조합설립인가
14	양천구	서울목동 LH참여형	목2동 557	2,918	조합설립인가
15		삼진연립	신월동 487-9	1,419	건축심의
16		서울목동2 LH참여형	목동 756-1	3,811	조합설립인가
17		신월동 48-2민시 일내	신월3동 48-2	2,821	조합설립인가
18		덕화연립	신월동 118-46	2,354	조합설립인가
19		신월동 995번지	신월동 995	4,056	조합설립인가

연번	자치구	구역명	대표지번	대지면적(㎡)	사업시행단계
20	강서구	등촌삼안1	등촌동 643-56	2,358	준공
21		등촌삼안2	등촌동 653-8	1,924	준공
22		발산미주	내발산동 665-5	649	준공
23		동원주택	내발산동 685-280	2,302	조합설립인가
24	구로구	칠성아파트	구로동 685-280	3,076	준공
25		대성주택	고척동 97	1,590	건축심의
26		궁동 한양빌라	궁동 240	3,021	조합설립인가
27	금천구	동진빌라	독산동 234-72	2,679	건축심의
28		중앙빌라	시흥동 973-6	1,249	건축심의
29		천록유림	시흥동 973-2	1,572	조합설립인가
30	영등포구	영등포동2가 439 일대	영등포동2가 439	3,356	사업시행인가
31		보령 · 금강연립	대림동 786	1,801	건축심의
32		유성빌라	양평6가 84	3,139	조합설립인가
33	관악구	관악효신연립	봉천동 1535-10	3,153	착공
34	서초구	남양연립	서초동 1611-1	2,303	착공
35		낙원 · 청광연립	서초동 1451-67	2,847	사업시행인가
36		한신양재	양재동 18-12	4,379	건축심의
37		한국상록연립	방배동 853-5	2,104	준공
38		대진빌라	방배동 911-3	1,597	조합설립인가
39		서초동 1622 일대	서초동 1622-4	3,586	조합설립인가
40	강남구	논현세광연립	논현동 150-4	1,922	건축심의
41		영동 · 한양빌라	청담동 34	2,251	건축심의

연번	자치구	구역명	대표지번	대지면적(㎡)	사업시행단계
42	강남구	현대타운	대치동 1019-3	1,560	착공
43		역삼목화연립	역삼동 607-9	763	조합설립인가
44		삼성동 98 일원	삼성동 98	5,848	조합설립인가
45	송파구	마천동 화인아트빌라	마천동 26-1	1,189	착공
46		방이동 장안빌라	방이동 138-4	1,092	착공
47		송파101번지 일대	송파동 101-5	4,253	조합설립 등 인가
48		방이동 삼익빌라	방이동152-26	1,391	건축심의
49		방이동 금호빌라	방이동 152-7	1,040	건축심의
50		오금동 행진빌라 등	오금동 143	3,142	조합설립 등 인가
51		오금동 일신빌라 등	오금동 147	2,376	조합설립 등 인가
52		송파동 호수빌라	송파동 42-3	2,883	건축심의
53	강동구	삼천리연립	성내동 443-1	4,056	착공
54		코끼리연립	성내동 123-6	2,606	착공
55		유정빌라	길동 375-2	1,293	사업시행인가
56		동도연립	천호동 320	3,333	준공
57		벽산빌라	상일동 152	5,224	착공
58		국도연립	천호동 321-18	2,704	조합설립인가
59		동성타운	길동 355-5	2,879	건축심의
60		대명아파트	암사동 447-8	3,238	조합설립인가
61		성내 유원연립	성내동 465-10	1,571	조합설립인가
62		명일동 현대하이츠연립	명일동 263-2	1,043	조합설립인가
63		명일동 336-16 외 4필지	명일동 336-16	738	조합설립인가

(출처 : 서울특별시)

에
필
로
그

"서울 곳곳의 연립주택은
흙먼지 아래에서 반짝이고 있다"

100개의 연립주택, 틈새시장에 숨어 있는 보석

숨가쁘게 서울의 100개 연립주택 단지를 살펴보았다.

소개된 연립주택 근처에 살거나 연립주택 투자에 관심이 많은 독자라면, 이미 알고 있는 곳이 포함되어 있을 수도 있지만, 대부분의 독자들에게는 다소 생경한 소개가 아니었을까 싶다.

대단위 재건축, 재개발이 각종 규제와 세금 문제 등으로 난항을 겪고 있는 사이, 정부는 소규모 재건축, 가로주택정비사업, 자율주택정비사업 등에 더욱 힘을 실어주고 있다. 물론 이 책에 소개된 모든 연립주택들이 소규모 재건축이나 가로주택정비사업 요건을 충족하지는 않는다.

하지만 요건 기준을 초과하는 대형 연립주택 단지는 커뮤니티 시설을 갖춘 중형 단지 아파트로 재건축되어 브랜드적 가치가 더 높아질 확률이 높고, 요건에 미달하는 작은 규모의 연립주택은 통상 대지지분당 가격이 더 저렴하며, 재건축 진행 속도도 더 빠른 장점이 있다.

소규모 정비사업의 묘미

마음에 드는 연립주택을 발견하여 계약까지 맺었다면 이제 무엇을 해야 할까. 모두가 아무것도 하지 않는다면 당연히 아무 일도 일어나지 않는다. '조용히 살다 보면 언젠가는 재건축되겠지…' 하는 마음으로 지내다 보면 어느덧 2030년이 되어 있을 수도 있다. 사실 연립주택 투자의 묘미 중 하나는 개인의 노력이 가치에 반영되는 것을 경험할 수 있다는 것이다. 이는 '소규모'라는 한계가 주는 역설적인 장점이기도 하다.

우선 재건축과 관련한 인터넷 카페나 단체 채팅방, 밴드 등이 있는지 조회해 보자. 이웃이나 인근 부동산중개사무소에 물어봐도 좋겠다. 이미 조합이 설립된 상태라면 서울시 재개발·재건축 클린업시스템★을 통해 그간의 진행 상황을 살펴보고 진척이 지지부진하다면 어떤 점 때문에 사업 진행이 더뎌지고 있는지를 파악해 보자.

★   재개발·재건축 클린업시스템(cleanup.seoul.go.kr)에 대한 자세한 내용은 99쪽 참고.

가로주택정비사업을 보고 매수했다면
사업성 분석부터!

만약 가로주택정비사업의 대상이 되는 연립주택임을 확인하고 매수한 경우라면 꼭 해야 할 것이 있다.

이 책의 초입에서 다룬 바 있는 사업성 분석인데, SH공사에서는 가로주택정비사업 신속사업성 분석과 정밀사업성 분석을 지원하고 있다. SH공사 홈페이지에 접속해서 검색창에 '가로주택정비사업'을 입력하면 사업성 분석 서비스 신청서를 찾아볼 수 있다.

신속사업성 분석의 경우, 소유주 1가구 단독으로도 신청이 가능하니 친한 이웃이 없어도 문제없다. SH공사 홈페이지에서 다운로드받은 신청서를 작성해, 관할 구청 주택과에 제출하면 끝이다. 주택과 담당 공무원이 신청서를 SH공사에 접수하고, 분석이 완료되면 다시 역방향으로 결과서류를 발부하는 절차로 이뤄진다.

보다 구체적으로 살펴보면, 신속사업성 분석은 기획설계 자동화 프로그램(Auto-SD), 국토교통부 실거래가 자료, 서울시 클린업시스템 등을 활용해서 가로주택정비사업 적용 가능 여부/건축계획/자산가치 총액/개략사업비 및 총 추정분담금을 안내해 준다. 신청 후 영업일 기준 10일 정도가 소요된다고 하는데, 실제로는 조금 더 기다려야 하는 경우가 많다.

□ **가로주택정비사업 요건 검토**

구분	조건	내용	결과
가로 구역	도로로 둘러싸인 일단의 지역	둘러싸인 도로 폭 6m 미만	불충족
	면적이 1만㎡ 미만	4,968.63㎡	충족
	통과하는 도시계획도로 없을 것	없음	충족
사업 시행 구역	면적이 1만㎡ 미만	4,968.63㎡	충족
	노후·불량 건축물의 수가 전체 3분의 2 이상	89%(38개동 중 34개동 만족)	충족
	공동주택 및 단독주택으로 구성된 경우 20채 이상	87채(공동 55세대, 단독 32호)	충족
결과	가로주택정비사업 불충족		

□ **기계적 계획설계(안)**　　**※ 가로구역요건 불충족 도로에 대하여 폭 6m 확보를 전제로 검토**

구분	내용
대지면적	3,968.63㎡ (도로확보 : 약 1,000㎡)
건축면적	1,058.29㎡

가로주택정비사업을 목적으로 한다면 애초에 모든 요건을 충족하는 매물을 찾는 것이 좋다. 하지만 불충족 요건이 있다 하여도, 기부채납 등 해당 부분 보완을 전제로 한 분석도 가능하다. (SH공사 가로주택정비사업 신속사업성 분석 결과 재구성)

　　정밀사업성 분석은 신속사업성 분석 결과를 바탕으로 감정평가사와 건축사가 실제 재건축을 가정한 수준의 분석을 제공한다. 종전 자산 및 종후 자산의 가치를 추정하여 총 사업비와 비례율을 산정하고 세대별 개별분담금 추정값까지 산출해 준다. 넉넉히 1달 이상의 기간이 소요된다고 생각하는 것이 좋겠다.

　　다만, 정밀사업성 분석은 신속사업성 분석을 통해 최소한의 사업성(비례율★ 80% 이상)을 확보한 경우에 한해 신청이 가능함을 알아두자. 또, 단독 신청이 가

★　　**비례율 = (종후 자산 평가액 − 총사업비)×100÷종전 자산 평가액**

　　조합원이 기존에 가지고 있던 자산과 재개발 이후에 획득하게 되는 자산의 비율로 재건축, 재개발 사업의 사업성을 나타내는 지표로 널리 활용된다. 비례율이 100%를 넘어갈 경우 법인격인 조합이 법인세를 내야 하므로, 일반분양 시점에서는 조합원 분양가나 일반분양가, 종전 자산 평가액 등을 조정하여 100%로 맞추려는 경향이 있다.

능한 신속사업성 분석과 달리 전체 소유주 10% 이상의 동의가 필요하다. 예를 들어 48가구라면 신청인을 포함해 5가구의 신청과 동의서가 필요한 것이다.

이사 온 지 얼마 되지 않아 10%라는 숫자가 부담스러울 수 있지만 신속사업성 분석 결과가 좋다면 10% 동의를 얻는 것도 어렵지 않을 것이다. 오히려 동네에 복덩이가 들이왔다는 소리를 들을 수도 있다.

일단, 시작해 보자!

많은 사람들이 오해하는 것이 있는데, SH에서 제공하는 사업성 분석을 받는다고 해서 SH공사와 사업을 진행해야 한다는 뜻은 아니다. SH공사는 낙후된 저층주택의 주거환경을 개선코자 해당 서비스를 공공 차원에서 무료로 제공하고 있다. 이렇게 도출된 사업성 결과를 주민들이 공유하는 것은 재건축 진행시 빈번하게 발생하는 시행사·시공사와 조합원 사이의 정보 비대칭 문제를 해소하는 데 큰 역할을 할 것이다.

마지막으로, 분석 결괏값이 나쁘지 않다면 대내외적 홍보를 위해 10만~20만원 정도를 투자해 플래카드를 하나 내다거는 것도 좋다. 생각보다 반응은 즉각적으로 올 것이다. 플래카드를 걸기 전에 커뮤니티를 통해 정보 공유의 장을 미리 꾸려두는 것도 좋겠다. 플래카드, 대자보, 카페, 단톡방과 친해지자!

돌다리도 두드리며 건너는 당신에게

대한민국의 총인구가 줄어들고 있기 때문에 부동산 투자의 시대는 저물고 있다고 생각하는 사람들도 있다. 다만, 그렇게 확신하는 분들은 이 책을 여기까지 붙들고 있지 않았을 것이다. 이 맺음글에 이를 때까지 눈길을 거두지 않은 독자는 적어도 아래 4가지 유형 중 하나에 해당할 것이라고 감히 예상해 본다.

- '총인구수 추이'와 핵가족화 경향에 따른 '세대수 추이'를 분리해서 생각하는 사람
- 전국 부동산의 수요가 감소하더라도, '서울/수도권/지역 거점의 수요'를 분리해서 생각하는 사람
- 교통, 그 중에서도 '역세권의 가치'를 중시하는 사람
- 집은 못 믿어도 부증성·부동성으로 대표되는 '땅의 가치'는 믿는 사람

연일 서울의 신축 대단지 아파트 가격에 초점을 맞춘 뉴스가 쏟아져 나온다. 당연히 그러한 집(신축 대단지 아파트)을 마련해야 한다는 압박감에 '내 집 마련'은 나와는 상관없는 이야기라고 지레 포기한 것은 아닌지 자문해 보자. 아마 10억을 모으기 전에는 집을 살 방안은 요원하다고 생각하는 사람도 적지 않을 것이다.

책을 통해 알짜배기 연립주택 정보를 전달하는 것도 중요하지만, 아파트 외에도 다양한 부동산 투자 기회가 존재하고 있음을 알리고픈 마음도 크다. 서울에 대지지분 10평이 넘는 집을 1억대 중·후반 예산으로 구할 수 있다는 사실을 알게 된 독자가 있다면, 그것만으로도 절반의 성공이다.

나는 겁이 많은 사람이다. 과다한 리스크를 지고 싶어하지 않는다. 이율배반적이지만 욕심도 많다. 내 집이 상승장에는 여느 아파트처럼 가격이 상승했으면 좋겠고, 하락장에는 가격을 잘 방어했으면 좋겠다. 부동산 규제가 끝도 없이 덧입혀지는 와중에도 요리조리 피해 나갈 구멍까지 있으면 더할 나위가 없겠다. 그렇게 해서 떠오른 가장 보수적인 투자처는 바로 땅이었다. 그렇다고 내가 서울에 10~20평짜리 땅을 살 수는 없는 노릇이다. 게다가 비와 눈을 피하고 고된 몸을 누일 집도 필요하다. 간접적으로 서울의 땅을 소유할 수 있는 가장 저평가된 주택 유형을 고민했고, '80년대 연립주택'이라는 결론에 다다랐다.

돌다리도 두드리는 당신, 꺼진 불도 다시 보는 당신, 2달 전 하수구에 빠진 500원까지 기억하는 당신에게 '땅'을 사는 개념과 다를 바 없는, '80년대 연립주택'을 권한다.

이형수

부록 ①

연립주택 5개 분야 BEST를 찾아라!

● 〈실천마당〉에서는 인접한 연립을 하나로 묶어서 분석했지만
BEST는 각 연립별로 순위를 정했다(총 118개 연립).

BEST 1 | 대지면적이 큰 연립주택

순위	이름	주소	대지면적		페이지
1	우신빌라	구로구 궁동 213-21/213-27	50,691㎡	15,334평	205
2	서울가든빌라	구로구 오류동 97-4/99	20,313㎡	6,145평	210
3	현대빌라	금천구 시흥동 982	15,981㎡	4,834평	198
4	신우빌라	도봉구 방학동 318-2/318-44	15,405㎡	4,660평	130
5	신향빌라	광진구 중곡동 18-24	14,779㎡	4,471평	173
6	궁동빌라	구로구 궁동 197-1/197-40	11,181㎡	3,382평	208
7	중화우성타운	중랑구 중화동 195-2	10,371㎡	3,137평	167
8	동삼파크빌라	구로구 항동 1/1-42/2/4	9,132㎡	2,762평	209
9	보광빌라	강북구 수유동 360-1	7,069㎡	2,138평	133
10	삼익빌라	은평구 불광동 19-3	6,339㎡	1,918평	107
11	월드빌라 1 · 2단지	구로구 궁동 238/236-1	5,888㎡	1,781평	204
12	금호빌라	서대문구 홍은동 355	5,600㎡	1,694평	110
13	대흥연립	구로구 구로동 142-66/142-2	5,248㎡	1,588평	217
14	우창연립	금천구 가산동 547-44	4,972㎡	1,504평	203
15	진숙주택	강북구 번동 441-3/441-4	4,949㎡	1,497평	136
16	우남빌라	성북구 상월곡동 28-7	4,941㎡	1,495평	138

순위	이름	주소	대지면적		페이지
17	삼미주택	구로구 오류동 206-2	4,429㎡	1,340평	212
18	대광빌라	성북구 안암동3가 54-3/54-4/54-5	4,239㎡	1,282평	137
19	오성빌라	노원구 상계동 322-8/322-9	4,208㎡	1,273평	126
20	진영주택	구로구 구로동 614-2	4,196㎡	1,269평	218
21	동부주택	성북구 하월곡동 64	4,075㎡	1,233평	139
22	강호주택	금천구 시흥동 964-14	3,906㎡	1,182평	200
23	정안맨션 3차	성동구 성수동2가 265-4	3,866㎡	1,169평	154
24	신혼빌라	마포구 중동 78	3,751㎡	1,135평	112
25	우석빌라	구로구 오류동 152-13	3,706㎡	1,121평	214
26	한신빌라	강북구 수유동 451-1/451-170/451-171/605-224	3,705㎡	1,121평	132
27	현대그린빌라	영등포구 대림동 993-4	3,667㎡	1,109평	224
28	우남빌라	구로구 오류동 186-1/186-4	3,546㎡	1,073평	211
29	신진빌라	양천구 신월동 144-20	3,501㎡	1,059평	230
30	미도빌라	광진구 광장동 266	3,405㎡	1,030평	181

BEST 2 | 세대 평균 대지지분이 큰 연립주택

순위	이름	주소	세대수	세대 평균 대지지분	페이지
1	삼익빌라	은평구 불광동 19-3	57세대	33.64평	107
2	덕수연립	동대문구 장안동 351-1/351-4	18세대	33.38평	145
3	우남빌라	성북구 상월곡동 28-7	46세대	32.49평	138
4	중화우성타운	중랑구 중화동 195-2	98세대	32.01평	167
5	현대빌라	노원구 공릉동 371-9/371-38	18세대	30.30평	127
6	화랑빌라	마포구 연남동 226-33/226-35	18세대	29.63평	115
7	신향빌라	광진구 중곡동 18-24	156세대	28.66평	173
8	동부연립	광진구 구의동 251-14	16세대	28.40평	178
9	은하맨션	동작구 노량진동 84-24	32세대	28.25평	192
10	쌍마빌라	마포구 연남동 361-9	18세대	27.68평	114
11	면목우성타운	중랑구 면목동 340-3	18세대	27.52평	166
12	대광빌라	성북구 안암동3가 54-3/54-4/54-5	48세대	26.71평	137
13	한신빌라	강북구 수유동 451-1/451-170/451-171/605-224	42세대	26.68평	132
14	도곡현대연립	강남구 도곡동 516-1	21세대	26.41평	187
15	자양현대빌라	광진구 자양동 694-2	30세대	26.18평	179

순위	이름	주소	세대수	세대 평균 대지지분	페이지
16	일심연립	강북구 미아동 833-2	39세대	25.64평	131
17	미성빌라	성동구 마장동 767-56	36세대	25.44평	163
18	유성빌라	동작구 사당동 249-2/249-64	24세대	25.33평	188
19	스카이빌라	종로구 동숭동 189-10	20세대	25.30평	106
20	금성빌라	동대문구 장안동 419-7	30세대	24.80평	142
21	광하빌라	서대문구 천연동 98-17	15세대	24.74평	111
22	강호주택	금천구 시흥동 964-14	48세대	24.62평	200
23	성도빌라	동작구 대방동 336-2	18세대	23.78평	191
24	보라맨션	마포구 망원동 436-3	24세대	23.77평	120
25	이화주택 가동	중랑구 중화동 122	30세대	23.62평	168
26	유성연립	성동구 성수동1가 656-372	20세대	23.61평	158
27	현대빌라	강남구 개포동 1185/1185-6	30세대	23.56평	186
28	용마맨션	광진구 중곡동 18-25	24세대	23.52평	174
29	진영주택	구로구 구로동 614-2	54세대	23.51평	218
30	궁전빌라	도봉구 창동 623-8	18세대	23.33평	129

BEST 3 | 2020년 평당 개별공시지가가 저렴한 연립주택

순위	이름	주소	개별공시지가/평	페이지
1	진숙주택	강북구 번동 441-3/441-4	6,776,859원	136
2	강호주택	금천구 시흥동 964-14	7,375,206원	200
3	보광빌라	강북구 수유동 360-1	7,662,810원	133
4	삼성빌라	양천구 신월동 477-8	7,874,380원	228
5	대광주택	양천구 신월동 477-3	7,874,380원	228
6	오성빌라	노원구 상계동 322-8/322-9	7,966,942원	126
7	무림연립	양천구 신월동 28-2	8,046,281원	232
8	우석빌라	구로구 오류동 152-13	8,122,314원	214
9	보성빌라	강서구 방화동 593-30/593-128/583-6	8,155,372원	237
10	신우빌라	도봉구 방학동 318-2/318-44	8,320,661원	130
11	영곡연립	양천구 신월동 477-12	8,330,578원	228
12	한신빌라	강북구 수유동 451-1/451-170/451-171/605-224	8,360,330원	132
13	일심연립	강북구 미아동 833-2	8,386,777원	131
14	우석빌라	구로구 오류동 152	8,442,975원	214
15	우창연립	금천구 가산동 547-44	8,585,124원	203

순위	이름	주소	개별공시지가/평	페이지
16	월드빌라 1 · 2단지	구로구 궁동 238/236-1	8,671,074원	204
17	우신빌라	구로구 궁동 213-21/213-27	8,763,636원	205
18	현대그린빌라	영등포구 대림동 993-4	9,203,305원	224
19	신진빌라	양천구 신월동 144-20	9,226,446원	230
20	신일연립	중랑구 신내동 482-1	9,289,256원	171
21	현대빌라	노원구 공릉동 371-9/371-38	9,421,487원	127
22	궁전빌라	도봉구 창동 623-8	9,480,991원	129
23	대홍연립	구로구 구로동 142-66/142-2	9,626,446원	217
24	신일빌라	중랑구 망우동 238-2	9,692,562원	172
25	양지빌라	노원구 공릉동 366-5/366-28	9,761,983원	128
26	궁동빌라	구로구 궁동 197-1/197-40	9,775,206원	208
27	이화주택 가동	중랑구 중화동 122	9,930,578원	168
28	경남연립	강서구 내발산동 716-20	9,986,777원	236
29	현대빌라	금천구 시흥동 982	10,066,115원	198
30	진영주택	구로구 구로동 614-2	10,122,314원	218
31	동부주택	성북구 하월곡동 64	10,185,124원	139
32	이화주택 나 · 다동	중랑구 중화동 123	10,347,107원	168
33	대성연립	금천구 독산동 302-5	10,380,165원	202
34	덕수연립	동대문구 장안동 351-1/351-4	10,538,843원	145
35	동삼파크빌라	구로구 항동 1/1-42/2/4	10,545,454원	209
36	면목우성타운	중랑구 면목동 340-3	10,581,818원	166
37	오복연립	동대문구 장안동 299-1	10,707,438원	146

순위	이름	주소	개별공시지가/평	페이지
38	서울가든빌라	구로구 오류동 97-4/99	10,723,967원	210
39	대성연립	동대문구 장안동 92-15	10,836,363원	148
40	신성연립	강서구 방화동 589-13	10,882,644원	238
41	중화우성타운	중랑구 중화동 195-2	10,985,124원	167
42	광성연립	동대문구 장안동 405-1/405-16	11,127,272원	144
43	세원빌라	영등포구 신길동 3923	11,173,553원	225
44	미도빌라	동대문구 장안동 92-17	11,173,553원	147
45	덕양주택	영등포구 양평동6가 86	11,193,388원	227
46	미성빌라	성동구 마장동 767-56	11,206,611원	163
47	유성연립	영등포구 문래동1가 42-1/42-3	11,342,148원	226
48	상봉연립	중랑구 상봉동 50-49	11,348,760원	170
49	럭키빌라 우성빌라	구로구 오류동 137-1/137-55	11,434,710원	213
50	금강주택	중랑구 상봉동 50-1	11,583,471원	169
51	유신연립	구로구 신도림동 293-3	11,619,834원	220
52	우남빌라	구로구 오류동 186-1/186-4	11,656,198원	211
53	대명연립 가 · 나동	동대문구 장안동 448	11,699,173원	143
54	금호빌라	서대문구 홍은동 355	11,917,355원	110
55	대광빌라	성북구 안암동3가 54-3/54-4/54-5	12,079,338원	137
56	미주빌라	구로구 개봉동 181-1	12,274,380원	216
57	유성빌라	동작구 사당동 249-2/249-64	12,317,355원	188
58	미전빌라	강서구 가양동 183-1	12,370,247원	235

순위	이름	주소	개별공시지가/평	페이지
59	금성빌라	동대문구 장안동 419-7	12,413,223원	142
60	우남빌라	성북구 상월곡동 28-7	12,476,033원	138
61	성사빌라	마포구 성산동 134-116	12,763,636원	113
62	미도빌라	광진구 광장동 266	12,793,388원	181
63	신향빌라	광진구 중곡동 18-24	12,862,809원	173
64	스카이빌라	종로구 동승동 189-10	12,985,123원	106
65	유림연립	구로구 신도림동 292-215/292-218	13,057,851원	220
66	삼미주택	구로구 오류동 206-2	13,292,561원	212
67	삼영연립	구로구 신도림동 292-213	13,292,561원	220
68	동부파크빌라 동부아트빌라	광진구 자양동 768-1/768-2	13,338,842원	177
69	용마맨션	광진구 중곡동 18-25	13,537,190원	174
70	삼익빌라	은평구 불광동 19-3	13,586,776원	107
71	전원연립	구로구 신도림동 292-221	13,709,090원	220
72	홍일연립	은평구 신사동 20-1	13,752,066원	108
73	신혼빌라	마포구 중동 78	13,768,595원	112
74	덕수연립	강서구 염창동 283	13,771,900원	233
75	태건하이츠빌라	동작구 상도동 159-278	13,884,297원	190
76	우성연립	강서구 염창동 276-1/276-2	13,923,966원	234
77	광하빌라	서대문구 천연동 98-17	14,082,644원	111
78	쌍마빌라	마포구 연남동 361-9	14,231,404원	114
79	동익연립	광진구 자양동 200/200-2	14,267,768원	176

순위	이름	주소	개별공시지가/평	페이지
80	동부연립	광진구 구의동 251-14	14,376,859원	178
81	자양현대빌라	광진구 자양동 694-2	14,459,504원	179
82	한창빌라	광진구 자양동 694/694-3/694-4	14,459,504원	180
83	세경주택	강동구 성내동 179	14,548,760원	184
84	미성빌라	성동구 마장동 793-22/793-23	14,598,347원	160
85	신안맨숀 A동	성동구 성수동2가 269-207	15,242,975원	157
86	정안맨션 8차	성동구 성수동2가 269-13	15,537,190원	154
87	정안맨션 6차 6동	성동구 성수동2가 269-234	15,798,347원	154
88	창수연립	성동구 성수동2가 255-3	15,808,264원	157
89	신안맨숀 B동	성동구 성수동2가 269-205	15,808,264원	157
90	정안맨션 3차	성동구 성수동2가 265-4	16,033,057원	154
91	정안맨션 7차	성동구 성수동2가 269-9	16,297,520원	154
92	정안맨션 6차 5동	성동구 성수동2가 269-137	16,390,082원	154
93	일승빌라	성동구 성수동2가 309-50/322-9	16,502,479원	152
94	경동그린맨션	광진구 자양동 553-517	16,512,396원	175
95	정안맨션 6차	성동구 성수동2가 269-236	16,545,454원	154
96	홍익빌라 홍익주택 1차	성동구 성수동2가 268-4/268-5	16,545,454원	156
97	보라맨션	마포구 망원동 436-3	17,038,016원	120
98	장안타운	성동구 성수동2가 269-28	17,087,603원	153
99	현대빌라	강남구 개포동 1185/1185-6	17,166,942원	186
100	자양빌라	성동구 성수동1가 656-329	17,170,247원	151

순위	이름	주소	개별공시지가/평	페이지
101	명성연립	성동구 마장동 783-4/783-9	17,421,487원	161
102	은하맨션	동작구 노량진동 84-24	17,748,760원	192
103	부용연립	성동구 성수동1가 656-1267	18,076,032원	158
104	동산맨션	마포구 망원동 470-6/470-34	18,221,487원	121
105	민락맨션	성동구 성수동1가 656-1576	18,446,280원	158
106	동덕주택	마포구 망원동 454-29/454-3	18,809,917원	119
107	동부빌라	성동구 성수동1가 656-322	19,044,627원	149
108	성도연립	마포구 용강동 117-1/150-1	19,451,239원	122
109	성도빌라	동작구 대방동 336-2	19,461,156원	191
110	흥국빌라맨션	마포구 합정동 395-15	19,940,495원	118
111	홍익빌라	마포구 합정동 395-2	20,033,057원	118
112	홍일연립	성동구 마장동 784-1/784-2	20,049,586원	162
113	부용빌라	성동구 성수동1가 656-1264/656-1741	20,085,950원	158
114	유성연립	성동구 성수동1가 656-372	20,495,867원	158
115	화랑빌라	마포구 연남동 226-33/226-35	20,915,702원	115
116	도곡현대연립	강남구 도곡동 516-1	21,345,454원	187
117	기린동산빌라	마포구 동교동 200-2	25,705,784원	117
118	동서빌라	마포구 동교동 197-13	26,446,280원	116

BEST 4 | 추정 대지가액이 저렴한 연립주택

순위	이름	주소	추정 대지가액	페이지
1	진숙주택	강북구 번동 441-3/441-4	148,300,264원	136
2	대광주택	양천구 신월동 477-3	150,925,617원	228
3	영곡연립	양천구 신월동 477-12	165,223,130원	228
4	우석빌라	구로구 오류동 152	204,742,144원	214
5	신일연립	중랑구 신내동 482-1	206,066,662원	171
6	우석빌라	구로구 오류동 152-13	210,774,048원	214
7	현대그린빌라	영등포구 대림동 993-4	212,749,734원	224
8	홍일연립	은평구 신사동 20-1	216,595,040원	108
9	무림연립	양천구 신월동 28-2	217,920,110원	232
10	삼성빌라	양천구 신월동 477-8	226,388,425원	228
11	오성빌라	노원구 상계동 322-8/322-9	234,759,224원	126
12	우창연립	금천구 가산동 547-44	239,095,703원	203
13	신혼빌라	마포구 중동 78	241,179,889원	112
14	신우빌라	도봉구 방학동 318-2/318-44	244,766,111원	130
15	현대빌라	금천구 시흥동 982	245,780,975원	198
16	보성빌라	강서구 방화동 593-30/593-128/583-6	247,923,309원	237

순위	이름	주소	추정 대지가액	페이지
17	미도빌라	광진구 광장동 266	261,411,561원	181
18	신진빌라	양천구 신월동 144-20	271,411,287원	230
19	월드빌라 1 · 2단지	구로구 궁동 238/236-1	274,584,010원	204
20	우신빌라	구로구 궁동 213-21/213-27	277,515,140원	205
21	동삼파크빌라	구로구 항동 1/1-42/2/4	281,212,107원	209
22	신일빌라	중랑구 망우동 238-2	282,215,097원	172
23	보광빌라	강북구 수유동 360-1	284,417,965원	133
24	궁동빌라	구로구 궁동 197-1/197-40	299,447,144원	208
25	강호주택	금천구 시흥동 964-14	302,629,286원	200
26	대성연립	동대문구 장안동 92-15	303,779,376원	148
27	서울가든빌라	구로구 오류동 97-4/99	303,845,732원	210
28	오복연립	동대문구 장안동 299-1	306,411,184원	146
29	미전빌라	강서구 가양동 183-1	313,791,932원	235
30	광성연립	동대문구 장안동 405-1/405-16	314,901,798원	144
31	동부주택	성북구 하월곡동 64	317,096,861원	139
32	대명연립 가 · 나동	동대문구 장안동 448	317,632,547원	143
33	신성연립	강서구 방화동 589-13	322,670,395원	238
34	경남연립	강서구 내발산동 716-20	331,061,658원	236
35	덕수연립	강서구 염창동 283	340,165,930원	233
36	미주빌라	구로구 개봉동 181-1	340,204,899원	216
37	우성연립	강서구 염창동 276-1/276-2	342,529,564원	234

순위	이름	주소	추정 대지가액	페이지
38	럭키빌라 · 우성빌라	구로구 오류동 137-1/137-55	345,137,664원	213
39	대홍연립	구로구 구로동 142-66/142-2	353,771,891원	217
40	덕양주택	영등포구 양평동6가 86	354,830,400원	227
41	양지빌라	노원구 공릉동 366-5/366-28	355,824,280원	128
42	일심연립	강북구 미아동 833-2	358,394,937원	131
43	유신연립	구로구 신도림동 293-3	360,021,190원	220
44	유성연립	영등포구 문래동1가 42-1/42-3	365,217,166원	226
45	궁전빌라	도봉구 창동 623-8	368,652,533원	129
46	한신빌라	강북구 수유동 451-1/451-170/451-171/605-224	371,756,007원	132
47	우남빌라	구로구 오류동 186-1/186-4	385,820,154원	211
48	금호빌라	서대문구 홍은동 355	386,718,170원	110
49	이화주택 가동	중랑구 중화동 122	390,933,754원	168
50	동부파크빌라 동부아트빌라	광진구 자양동 768-1/768-2	391,272,699원	177
51	이화주택 나 · 다동	중랑구 중화동 123	393,017,614원	168
52	미도빌라	동대문구 장안동 92-17	393,867,743원	147
53	세원빌라	영등포구 신길동 3923	394,612,647원	225
54	대성연립	금천구 독산동 302-5	394,619,273원	202
55	진영주택	구로구 구로동 614-2	396,626,004원	218
56	상봉연립	중랑구 상봉동 50-49	403,259,272원	170
57	금강주택	중랑구 상봉동 50-1	405,807,601원	169
58	삼영연립	구로구 신도림동 292-213	426,469,665원	220

순위	이름	주소	추정 대지가액	페이지
59	정안맨션 7차	성동구 성수동2가 269-9	427,538,275원	154
60	전원연립	구로구 신도림동 292-221	436,863,001원	220
61	신안맨숀 A동	성동구 성수동2가 269-207	442,046,275원	157
62	성사빌라	마포구 성산동 134-116	444,599,987원	113
63	정안맨션 8차	성동구 성수동2가 269-13	446,953,166원	154
64	홍익빌라 홍익주택 1차	성동구 성수동2가 268-4/268-5	447,003,016원	156
65	한창빌라	광진구 자양동 694/694-3/694-4	456,197,351원	180
66	동익연립	광진구 자양동 200/200-2	461,086,703원	176
67	정안맨션 6차	성동구 성수동2가 269-236	464,099,985원	154
68	신안맨숀 B동	성동구 성수동2가 269-205	465,026,433원	157
69	태건하이츠빌라	동작구 상도동 159-278	466,049,569원	190
70	유림연립	구로구 신도림동 292-215/292-218	470,300,267원	220
71	경동그린맨션	광진구 자양동 553-517	470,878,493원	175
72	삼미주택	구로구 오류동 206-2	471,221,287원	212
73	정안맨션 3차	성동구 성수동2가 265-4	473,509,617원	154
74	미성빌라	성동구 마장동 767-56	475,160,306원	163
75	현대빌라	노원구 공릉동 371-9/371-38	475,785,094원	127
76	면목우성타운	중랑구 면목동 340-3	485,352,719원	166
77	민락맨션	성동구 성수동1가 656-1576	486,674,354원	158
78	창수연립	성동구 성수동2가 255-3	490,056,184원	157
79	명성연립	성동구 마장동 783-4/783-9	503,480,974원	161

순위	이름	주소	추정 대지가액	페이지
80	정안맨션 6차 5동	성동구 성수동2가 269-137	504,814,526원	154
81	자양빌라	성동구 성수동1가 656-329	509,670,165원	151
82	금성빌라	동대문구 장안동 419-7	513,079,884원	142
83	세경수택	강동구 성내동 179	515,511,063원	184
84	유성빌라	동작구 사당동 249-2/249-64	519,997,670원	188
85	동부빌라	성동구 성수동1가 656-322	525,314,295원	149
86	홍일연립	성동구 마장동 784-1/784-2	527,972,431원	162
87	용마맨션	광진구 중곡동 18-25	530,657,848원	174
88	장안타운	성동구 성수동2가 269-28	531,139,660원	153
89	대광빌라	성북구 안암동3가 54-3/54-4/54-5	537,731,863원	137
90	홍익빌라	마포구 합정동 395-2	538,221,465원	118
91	일승빌라	성동구 성수동2가 309-50/322-9	544,306,766원	152
92	미성빌라	성동구 마장동 793-22/793-23	546,951,401원	160
93	스카이빌라	종로구 동숭동 189-10	547,539,353원	106
94	동덕주택	마포구 망원동 454-29/454-3	573,075,471원	119
95	광하빌라	서대문구 천연동 98-17	580,674,354원	111
96	동산맨션	마포구 망원동 470-6/470-34	583,087,584원	121
97	정안맨션 6차 6동	성동구 성수동2가 269-234	585,855,368원	154
98	중화우성타운	중랑구 중화동 195-2	586,056,365원	167
99	덕수연립	동대문구 장안동 351-1/351-4	586,310,966원	145
100	기린동산빌라	마포구 동교동 200-2	607,941,792원	117
101	부용연립	성동구 성수동1가 656-1267	611,271,149원	158

순위	이름	주소	추정 대지가액	페이지
102	신향빌라	광진구 중곡동 18-24	614,413,510원	173
103	부용빌라	성동구 성수동1가 656-1264/656-1741	621,994,918원	158
104	자양현대빌라	광진구 자양동 694-2	630,916,358원	179
105	쌍마빌라	마포구 연남동 361-9	656,542,105원	114
106	현대빌라	강남구 개포동 1185/1185-6	674,088,589원	186
107	보라맨션	마포구 망원동 436-3	674,989,401원	120
108	우남빌라	성북구 상월곡동 28-7	675,577,187원	138
109	동부연립	광진구 구의동 251-14	680,504,659원	178
110	성도연립	마포구 용강동 117-1/150-1	715,157,221원	122
111	홍국빌라맨션	마포구 합정동 395-15	760,397,543원	118
112	삼익빌라	은평구 불광동 19-3	761,765,241원	107
113	성도빌라	동작구 대방동 336-2	771,310,483원	191
114	유성연립	성동구 성수동1가 656-372	806,512,366원	158
115	은하맨션	동작구 노량진동 84-24	835,670,783원	192
116	도곡현대연립	강남구 도곡동 516-1	939,555,734원	187
117	동서빌라	마포구 동교동 197-13	1,004,517,869원	116
118	화랑빌라	마포구 연남동 226-33/226-35	1,032,887,084원	115

BEST 5 | 추정 용적률이 낮은 연립주택

순위	이름	주소	추정 용적률	페이지
1	유성연립	성동구 성수동1가 656-372	60.4%	158
2	일심연립	강북구 미아동 833-2	65.0%	131
3	스카이빌라	종로구 동숭동 189-10	74.9%	106
4	상봉연립	중랑구 상봉동 50-49	75.2%	170
5	부용연립	성동구 성수동1가 656-1267	75.5%	158
6	유림연립	구로구 신도림동 292-215/292-218	76.9%	220
7	동부연립	광진구 구의동 251-14	77.3%	178
8	이화주택 가동	중랑구 중화동 122	77.3%	168
9	대성연립	금천구 독산동 302-5	77.8%	202
10	전원연립	구로구 신도림동 292-221	79.0%	220
11	삼영연립	구로구 신도림동 292-213	79.0%	220
12	창수연립	성동구 성수동2가 255-3	79.7%	157
13	성도연립	마포구 용강동 117-1/150-1	79.9%	122
14	은하맨션	동작구 노량진동 84-24	80.0%	192
15	동익연립	광진구 자양동 200/200-2	80.0%	176
16	부용빌라	성동구 성수동1가 656-1264/656-1741	80.2%	158

순위	이름	주소	추정 용적률	페이지
17	유신연립	구로구 신도림동 293-3	80.5%	220
18	강호주택	금천구 시흥동 964-14	81.3%	200
19	유성연립	영등포구 문래동1가 42-1/42-3	81.6%	226
20	삼미주택	구로구 오류동 206-2	82.5%	212
21	보성빌라	강서구 방화동 593-30/593-128/583-6	82.8%	237
22	유성빌라	동작구 사당동 249-2/249-64	83.0%	188
23	오성빌라	노원구 상계동 322-8/322-9	83.4%	126
24	성사빌라	마포구 성산동 134-116	83.4%	113
25	정안맨션 6차 5동	성동구 성수동2가 269-137	83.8%	154
26	용마맨션	광진구 중곡동 18-25	84.0%	174
27	현대빌라	노원구 공릉동 371-9/371-38	84.1%	127
28	삼익빌라	은평구 불광동 19-3	84.2%	107
29	이화주택 나·다동	중랑구 중화동 123	84.3%	168
30	우남빌라	구로구 오류동 186-1/186-4	84.4%	211

★★★★ 용도지역별 대지지분 총정리 ★★★★
(제3종 일반주거지역 이상)

	명칭	주소	용도지역	세대 평균 대지지분	페이지
1	성도빌라	동작구 대방동 336-2	근린상업지역	23.78평	191
2	덕수연립	강서구 염창동 283	준주거지역	14.82평	233
3	홍일연립	은평구 신사동 20-1	준주거지역	9.45평	108
4	금강주택	중랑구 상봉동 50-1	준주거지역	21.02평	169
5	상봉연립	중랑구 상봉동 50-49	준주거지역	21.32평	170
6	미전빌라	강서구 가양동 183-1	준공업지역	15.22평	235
7	진영주택	구로구 구로동 614-2	준공업지역	23.51평	218
8	삼영연립	구로구 신도림동 292-213	준공업지역	19.25평	220
9	유림연립	구로구 신도림동 292-215/292-218	준공업지역	21.61평	220
10	전원연립	구로구 신도림동 292-221	준공업지역	19.12평	220
11	유신연립	구로구 신도림동 293-3	준공업지역	18.59평	220
12	우창연립	금천구 가산동 547-44	준공업지역	16.71평	203
13	대성연립	금천구 독산동 302-5	준공업지역	22.81평	202
14	현대빌라	금천구 시흥동 982	준공업지역	14.65평	198
15	궁전빌라	도봉구 창동 623-8	준공업지역	23.33평	129

	명칭	주소	용도지역	세대 평균 대지지분	페이지
16	부용빌라	성동구 성수동1가 656-1264/656-1741	준공업지역	18.58평	158
17	부용연립	성동구 성수동1가 656-1267	준공업지역	20.29평	158
18	민락맨션	성동구 성수동1가 656-1576	준공업지역	15.83평	158
19	동부빌라	성동구 성수동1가 656-322	준공업지역	16.55평	149
20	자양빌라	성동구 성수동1가 656-329	준공업지역	17.81평	151
21	유성연립	성동구 성수동1가 656-372	준공업지역	23.61평	158
22	창수연립	성동구 성수동2가 255-3	준공업지역	18.6평	157
23	정안맨션 3차	성동구 성수동2가 265-4	준공업지역	17.72평	154
24	홍익빌라 홍익주택 1차	성동구 성수동2가 268-4/268-5	준공업지역	16.21평	156
25	정안맨션 8차	성동구 성수동2가 269-13	준공업지역	17.26평	154
26	정안맨션 6차 5동	성동구 성수동2가 269-137	준공업지역	18.48평	154
27	신안맨숀 B동	성동구 성수동2가 269-205	준공업지역	17.65평	157
28	신안맨숀 A동	성동구 성수동2가 269-207	준공업지역	17.4평	157
29	정안맨션 6차 6동	성동구 성수동2가 269-234	준공업지역	22.25평	154
30	정안맨션 6차	성동구 성수동2가 269-236	준공업지역	16.83평	154
31	장안타운	성동구 성수동2가 269-28	준공업지역	18.65평	153
32	정안맨션 7차	성동구 성수동2가 269-9	준공업지역	15.74평	154
33	일승빌라	성동구 성수동2가 309-50/322-9	준공업지역	19.79평	152
34	유성연립	영등포구 문래동1가 42-1/42-3	준공업지역	19.32평	226
35	세경주택	강동구 성내동 179	제3종 일반 주거지역	21.26평	184

	명칭	주소	용도지역	세대 평균 대지지분	페이지
36	동부연립	광진구 구의동 251-14	제3종 일반주거지역	28.4평	178
37	미주빌라	구로구 개봉동 181-1	제3종 일반주거지역	16.63평	216
38	럭키빌라 우성빌라	구로구 오류동 137-1/137-55	제3종 일반주거지역	18.11평	213
39	덕수연립	동대문구 장안동 351-1/351-4	제3종 일반주거지역	33.38평	145
40	은하맨션	동작구 노량진동 84-24	제3종 일반주거지역	28.25평	192
41	유성빌라	동작구 사당동 249-2/249-64	제3종 일반주거지역	25.33평	188
42	광하빌라	서대문구 천연동 98-17	제3종 일반주거지역	24.74평	111
43	금호빌라	서대문구 홍은동 355	제3종 일반주거지역	19.47평	110
44	미성빌라	성동구 마장동 767-56	제3종 일반주거지역	25.44평	163
45	홍일연립	성동구 마장동 784-1/784-2	제3종 일반주거지역	15.8평	162
46	동부주택	성북구 하월곡동 64	제3종 일반주거지역	18.68평	139
47	무림연립	양천구 신월동 28-2	제3종 일반주거지역	16.25평	232
48	신일연립	중랑구 신내동 482-1	제3종 일반주거지역	13.31평	171
49	중화우성타운	중랑구 중화동 195-2	제3종 일반주거지역	32.01평	167
50	기린동산빌라	마포구 동교동 200-2	제3종 일반주거지역	14.19평	117

부록

②

'가로주택정비사업 정밀사업성 분석 결과 보고서'

| SH공사 D연립 사례 |

3층 연립주택이 18층 주상복합 아파트로 변신 가능

준주거지역에 위치한 D연립은 지하 1층/지상 3층 규모로 현재 용적률은 93.5%다. 용적률이 매우 낮게 느껴지겠지만, 80년대 연립주택들 가운데서는 평이한 수준의 용적률이다.

총괄 건축계획(안)

대지면적(㎡)	1,763.70	건폐율(%)	59.89
건축면적(㎡)	1,056.26	용적률(%)	399.88
지상층 연면적(㎡)	7,052.70	동수(동)	1
지하층 연면적(㎡)	4,456.71	층수(층)	지하3/지상18
연면적 합계(㎡)	11,509.41	세대수(세대)	66
용적률 산정 연면적(㎡)	7,052.70	주차대수(대)	70

(출처 : SH공사)

주택규모별 세대수/ 근린생활시설 계획

구분	TYPE	세대수			전용면적 (㎡)	주거공용 (㎡)	공급면적 (㎡)	기타공용 (㎡)	기계전기, 지하 주차장 (㎡)	계약면적 (㎡)	비고
		조합	일반	임대							
주택	49	-	4	-	49.02	17.68	66.70	1.33	41.84	109.88	
	59A,B	7	15	11	59.97	20.97	80.94	1.63	51.19	133.76	
	84	29	-	-	84.98	29.33	114.31	2.31	72.54	189.17	
합계		66			4,639.17	1,613.34	6,252.85	126.22	3,960.40	10,339.47	

구분		전용면적 (㎡)	공유면적 (㎡)	기타공용 (㎡)	기계전기, 지하 주차장 (㎡)	계약면적 (㎡)	비고
근생	근린상가	581.41	92.22	-	496.31	1,169.94	
	합계	581.41	92.22	-	496.31	1,169.94	

(출처 : SH공사)

해당 지역의 건축규제 등을 고려한 가설계를 통해 399.88%의 용적률이 적용된 지하 3층/지상 18층 규모의 주상복합 1개동으로 재건축한다는 가정하에 분석이 이루어졌다.

설계상 공동주택은 66가구로 기존 36가구 대비 30가구가 늘어나고, 1층에는 상가 8호가 신설된다. 분석 결과를 그대로 따른다면 임대주택 11가구를 제외한 아파트 19가구와 상가 8호를 일반분양하는 수익만큼이 사업비에 충당된다고 볼 수 있다.

매수가는 3.3억, 종전 자산가치 감정평가액은 4.2억

D연립은 두 동짜리 36세대 연립으로 세대별 대지지분이 모두 동일하다. 그러니 종전 자산가치 총액을 총 세대수인 36으로 나누면 대략적인 세대당 종전 자산가치를 알 수 있다. 감정평가사가 판단한 종전 자산가치 평가 총액★은 150.6억원으로, 세대당 약 4.2억원 수준이다(150.6억÷36세대=4.2억).

나의 경우, 매수가가 3.3억원이니 9천만원 정도는 저렴하게 매입했다고 볼 수 있다. 물론 재건축이 답보 상태에 빠져 있는 상황도 반영되어야 하지만 그것을 고려한다 해도 80년대 연립주택이 상당히 저평가되어 있음을 부정하긴 힘들다.

종전 가치 추정액

구분		소유면적 (㎡)	가격자문금액 (천원)	비고
토지등 소유자	토지 + 건물 통합평가	토지 1,763.70	15,060,000	도지지분 1㎡당 평균 8,538천원
		건물 2,186.43		

(출처 : SH공사)

★ 종전 자산가치 평가 총액 : 조합원들이 종전에 보유한 자산인 토지 및 건축물의 감정평가액의 합이다.

재건축 사업성 반영하면 6.46억

통상 재건축 사업지의 사업성을 판단하는 지표로 비례율*이 쓰이는데, 정밀사업성 분석 결과 D연립의 비례율은 153.8%가 나왔다. 일반적으로 비례율 100%를 사업성 여부를 가름하는 기준으로 보니, 사업성이 상당히 좋음을 알 수 있다. 세대당 종전 자산가치가 4.2억원 정도였으니, 비례율을 감안한 세대당 권리가액**은 4.2억×153.8%를 하여 6.46억원 정도가 나온다.

혹시 분석값이 너무 후한 것 아니냐고 생각할 수 있는데 아파트의 분양가는 공급면적 기준 평당 2,200만원 정도로 산정되었으며, 1층 상가의 분양가 역시 평당 2,200만원 정도로 분석되었다. 개인적으로는 오히려 보수적으로 분석되었다고 생각한다.

1년 반 전에 3.3억원에 매수한 연립주택이 재건축되면 별도 분담금 없이도 6.46억원 정도의 가치를 인정받을 수 있다는 뜻이다.

몸이 좀 고생해도(개인의 체력에 따라 다르겠지만), 앞으로 얼마간의 마음고생이 기다리고 있다 해도 (개인의 스트레스에 대한 내성 정도에 따라 다르겠지만) 꽤 괜찮은 투자가 아닌가 싶다.

★ 　비례율 : [수입(종후 자산총액) − 지출(총사업비)]÷종전 자산총액×100(%). 비례율은 종전 자산가치 평가 등에 따라 달라질 수 있으므로, 투자 판단의 절대적 기준이 될 수는 없다.

★★ 　권리가액 : 종전 자산 감정평가액×비례율. 감정평가액에 사업성(비례율)을 반영한 가격이다.

추정 비례율 산정

구분	금액 (백만원)	비고
종전 자산(A)	15,060	감정평가사의 가격자문 결과 − 현금청산분
종후 자산(B)	45,970	일반분양, 조합원 분양, 임대매입가격 모두 동일하게 산정 · 주택 : 22,000천원÷3.3㎡당(공급면적 기준) · 근린생활시설 : 평균 22,055천원÷3.3㎡당(공급면적 기준)
총 사업비(C)	22,803	· 공사비 : 504만원 ÷ 3.3㎡당(연면적당 시설공사비, 설계감리비 제외) · 기타부대비용 : 조합운영비, 수수료 등 기타사업(용역)비, 토지매입비, 각종 분담금, 제세공과금, 금융비용 등
시설공사비	17,574	
설계감리비	923	
기타부대비용	4,306	
사업수익(D)	8,106	D = B − (A + C)
비례율(E)	153.82%	E = [(B − C) ÷ A] × 100%

(출처 : SH공사)

개별분담금 추정

	SH 추정 일반분양가	D연립 기존 조합원 선택시 (권리가액 − 추정 분양가)
20평(전용 44㎡)	4.4억	2.06억 환급
25평(전용 59㎡)	5.4억	1.06억 환급
34평(전용 84㎡)	7.6억	1.14억 추가부담

(출처 : SH공사, 세대별 개별분담금 추정결과 재구성)

QR코드를 찍으면
D주택 결과 보고서
전문을 볼 수 있습니다!

I-SEOUL-U

개략적인 정비사업비 및 추정분담금
등의 조사 결과 보고서

· 염창동 ▒▒▒ 일대 가로주택정비사업 ·

2020. 03.

SH 서울주택도시공사

찾아
보기

맘마미아 재테크 시리즈

맘마미아 월급재테크 실천법

맘마미아 지음 | 588쪽 | 18,000원

이 책대로 하면 당신도 월급쟁이 부자가 된다!

• 통장관리, 가계부 직성, 예적금, 펀드, 주식, 경매 총망라!
• 금테크, 환테크, P2P투자 등 재테크 최신 이슈 추가!

| 부록 | 금융상품 Top 3/연말정산/청약/전세살이/보험 수록

맘마미아 푼돈목돈 재테크 실천법

맘마미아 지음 | 376 | 15,000원

누구나 푼돈으로 월 100만원 모으는 비법!

• 네이버 No.1 월재연 카페 성공사례 총망라!
• 식비 30만원 절약법 + 고정지출 20만원 절약법
  + 부수입 50만원 버는 법 총정리!
• 푼돈목돈 재테크 금융상품&앱 Top3 소개

맘마미아 21일 부자습관 실천북

맘마미아 지음 | 220쪽 | 12,800원

독하게! 21일 후! 부자가 된다!

• 나에게 맞는 부자습관, 고르기만 하면 되는 실천법 등장!
• 습관을 몸에 붙이는 21일 실천 플래너 수록!
• 국내 최초 O2O 솔루션으로 전국 실천모임 진행!

맘마미아 가계부(매년 출간)

맘마미아 지음 | 12,000원

70만 회원 감동 실천! 대한민국 1등 국민가계부!

• 초간단 가계부! – 하루 5분 영수증 금액만 쓰면 끝!
• 절약효과 최고 – 손으로 적는 동안 낭비 반성!
• 저축액 증가! – 푼돈목돈 모으는 10분 결산 코너

| 부록 | 영수증 모음 봉투/무지출 스티커/'무지출 가계부' 실천법 7